BIBLIOTHÈQUE GÉOGRAPHIQUE

LE CONGO

AU POINT DE VUE ÉCONOMIQUE

PAR

A.-J. WAUTERS

Avec 3 cartes et 8 vignettes

BRUXELLES
INSTITUT NATIONAL DE GÉOGRAPHIE
18-20, RUE DES PAROISSIENS, 18-20

1885

LE CONGO

AU POINT DE VUE ÉCONOMIQUE

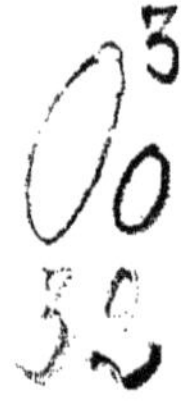

DU MÊME AUTEUR :

Géographie.

L'AFRIQUE CENTRALE EN 1522. — Le lac Sachaf, d'après Hylacomilus et Gérard Mercator. — Avec une carte.

LE ZAMBÈSE, son histoire, son cours, son bassin, son avenir.

KARÉMA, première station de l'Association internationale africaine.

NIGER ET BÉNOUÉ. Un voyageur belge dans l'Afrique centrale. — Avec une carte.

LE CAPITAINE CAMBIER et la première expédition de l'Association internationale Africaine. — Avec une carte.

SUR LES BORDS DU TANGANIKA. — Avec deux cartes et un plan.

DE BRUXELLES A KARÉMA.

DE BRUXELLES A MILAN par le Saint-Gothard.

LE CONGO ET LES PORTUGAIS. — Réponse au mémorandum de la Société de Géographie de Lisbonne.

LES BELGES AU CONGO. — Illustré de 60 gravures, cartes et plans.

LE DERNIER GRAND BLANC DE LA CARTE D'AFRIQUE. LA QUESTION DE L'OUELLÉ. HYPOTHÈSE NOUVELLE. — Avec une carte.

LE MOUVEMENT GÉOGRAPHIQUE. — Journal illustré des sciences géographiques. Paraissant tous les quinze jours. 2me année.

Contes.

LE DOUDOU. Souvenirs d'un fifre montois.

LE ROYAUME DES ÉLÉPHANTS. Journal d'un voyage au pays de l'ivoire; 2me édition, illustrée.

LA DÉCOUVERTE DE L'AMÉRIQUE, racontée par Pieter Devos, compagnon de Christophe Colomb ; 3me édition, illustrée.

LES PIERRES PRÉCIEUSES. Voyage autour du monde en huit heures.

VOYAGES ET MÉTAMORPHOSES D'UNE GOUTTE D'EAU ; 3me édition, illustrée.

Beaux-Arts.

LA PEINTURE FLAMANDE. — (Bibliothèque de l'enseignement des Beaux-Arts. Paris, A. Quantin, éditeur). 1 vol. in-8°, illustré de 109 gravures. — Dixième mille. — Ouvrage couronné par l'Académie royale de Belgique.

THE FLEMISH SCHOOL OF PAINTING. — Le même ouvrage traduit en anglais. Londres, Cassel et C°, éditeurs.

BIBLIOTHÈQUE GÉOGRAPHIQUE

LE CONGO

AU POINT DE VUE ÉCONOMIQUE

PAR

A.-J. WAUTERS

RÉDACTEUR EN CHEF DU « MOUVEMENT GÉOGRAPHIQUE »
ANCIEN SECRÉTAIRE ADJOINT DE LA SOCIÉTÉ BELGE DE GÉOGRAPHIE ET DU CONGRÈS
INTERNATIONAL DE GÉOGRAPHIE COMMERCIALE (1879),
MEMBRE-CORRESPONDANT DES SOCIÉTÉS DE GÉOGRAPHIE DE BERNE,
MARSEILLE, RIO-DE-JANEIRO, ROUEN,
ET DE LA SOCIÉTÉ DE GÉOGRAPHIE COMMERCIALE DE PARIS

Avec 3 cartes et 8 vignettes

BRUXELLES
INSTITUT NATIONAL DE GÉOGRAPHIE
18-20, RUE DES PAROISSIENS, 18-20

1885

BRUXELLES
P. WEISSENBRUCH, IMP. DU ROI
45, RUE DU POINÇON

PRÉFACE

Le 25 novembre 1878, le roi Léopold fondait, à Bruxelles, le *Comité d'études du haut Congo*. Trois mois après, Stanley, chef de l'expédition, quittait l'Europe pour l'Afrique. Avec ses compagnons, au mois d'août suivant, il remontait le Congo. En janvier 1880, il fondait Vivi. En décembre 1881, il fondait Léopoldville et lançait sur les eaux du Stanley-Pool le premier bateau à vapeur.

Trois années plus tard, l'Europe et l'Amérique, réunies à Berlin, constataient que le Congo était, sur un parcours de plus de deux mille kilomètres, pacifiquement conquis à leur influence; que plus de quarante centres civilisateurs étaient établis sur ses rives; que la navigation à vapeur avait pénétré jusqu'au cœur du continent.

Elles rendirent un hommage solennel à la grande conception politique qu'une haute initiative personnelle avait basée sur les premières découvertes de Stanley, et arrêtèrent les bases d'une législation commerciale qui fit, par le libre échange et la liberté de navigation, du centre de l'Afrique, conventionnellement délimité, le patrimoine commun de toutes les nations.

Successivement, chacune des puissances reconnut la souveraineté de la Société fondée à Bruxelles, en 1878, proclama son indépendance, la neutralisation de son immense territoire, et salua son drapeau à l'égal du drapeau d'une puissance amie.

L'État indépendant du Congo était créé.

L'acte général de la Conférence de Berlin date du 26 février 1885; l'autorisation constitutionnelle donnée par les Chambres au roi des Belges, de prendre le titre de souverain du nouvel État, du 30 avril.

Il n'a donc fallu que sept années pour réaliser une des entreprises les plus audacieuses et les plus extraordinaires du siècle et la faire solennellement consacrer par les nations civilisées.

Grâce aux voyages accomplis dans le centre de l'Afrique depuis vingt ans, aux relations qui ont été publiées, aux correspondances reçues dans ces derniers temps, il est possible aujourd'hui de se rendre assez bien compte de la valeur de cette vaste contrée, en partie inexplorée encore, et d'entrevoir son avenir.

Savoir quelles en sont la fertilité et la population, les conditions climatériques, les produits actuels et les ressources futures; savoir s'il est permis d'espérer la possibilité de nouer avec les populations indigènes des relations commerciales fructueuses; quelles sont les conditions actuelles de transport; quels progrès l'on peut attendre de la construction d'une voie ferrée se dirigeant vers le centre du continent; voilà autant de points qui, en ce moment, intéressent au plus haut degré l'opinion publique, et sur lesquelles celle-ci réclame des données précises et dignes de foi.

C'est ce désir, à la fois très encourageant pour l'œuvre et bien légitime, que nous avons cherché à répondre dans ce livre, en résumant méthodiquement nos connaissances sur le Congo, au point de vue économique.

Afin de conserver autant que possible à ce travail le caractère sérieux que le sujet exige, nous nous sommes efforcé de ne présenter aucun renseignement qui ne soit appuyé par un nom autorisé. En d'autres termes, nous nous sommes borné à recueillir et à mettre de l'ordre dans les dépositions des témoins oculaires.

Ces témoins sont de grands explorateurs, les premiers qui aient percé les mystères de l'Afrique centrale : Livingstone, Stanley, Cameron, Schweinfurth, Burton, Du Chaillu ; ce sont les agents de l'Association internationale du Congo, qui depuis cinq ans occupent ou explorent le fleuve et ses affluents, depuis Boma jusqu'à Tabora : MM. Stanley, Hanssens, Valcke, Van Gèle, Wissmann, von Danckelmann, Storms, Coquilhat, Destrain, Liebrechts, Zboïnski, Vande Velde, Roger, Dutrieux, Teusz, etc., etc. ; ce sont les commerçants de la côte : MM. Daumas, Béraud, de Bloeme, Jeannest qui, par un long séjour dans les factoreries et une constante pratique des affaires qui s'y font, ont acquis une compétence spéciale dans la question qui nous occupe; ce sont les missionnaires anglais du Stanley-Pool, MM. Comber et Greenfell, qui, non contents d'exercer là-bas leur ministère civilisateur, ne cessent d'apporter à la science la plus large contribution; ce sont, enfin, MM. les docteurs Chavanne et Zintgraff, qui ont parcouru, de longs mois durant, les districts du bas Congo et de la côte, et qui ont bien voulu nous communiquer une foule de renseignements inédits, aussi intéressants que précis.

A tant de sources d'informations, d'une incontestable autorité, ajoutons celles auxquelles l'Association internationale du Congo nous permet de puiser, chez elle, avec une obligeance qui, ne se dément pas.

A tous ceux qui depuis les débuts de l'œuvre, ne cessent de nous apporter l'appui précieux de leur concours et de leurs lumières, nous adressons ici nos remerciements les plus chaleureux.

A.-J. Wauters.

Bruxelles, le 20 mai 1885.

TABLE DES MATIÈRES

CHAPITRE I

LE CONGO ENTRE BANANA ET VIVI

CHAPITRE II

LA FERTILITÉ DU SOL

CHAPITRE III

POPULATION

CHAPITRE IV

LES INDIGÈNES DU BAS CONGO

CHAPITRE V

LES PRODUITS DU CONGO

CHAPITRE VI

LES CULTURES

CHAPITRE VII

CONDITIONS CLIMATÉRIQUES

CHAPITRE VIII

ORGANISATION DU TRAVAIL

Pages.

CHAPITRE IX

LES ANIMAUX DOMESTIQUES

CHAPITRE X

LES MARCHÉS ET LE COMMERCE AFRICAINS

CHAPITRE XI

LA CONSOMMATION AFRICAINE DANS SES RAPPORTS AVEC L'INDUSTRIE EUROPÉENNE

CHAPITRE XII

LE MOUVEMENT COMMERCIAL

CHAPITRE XIII

NAVIGATION

CHAPITRE XIV

LE CHEMIN DE FER DU CONGO

SUPPLÉMENT

LE BASSIN DE L'OUELLÉ D'APRÈS SCHWEINFURTH

ANNEXE

Vue de Banana.

LE CONGO

AU POINT DE VUE ÉCONOMIQUE

CHAPITRE PREMIER

LE CONGO ENTRE BANANA ET VIVI

L'entrée du Congo. — La pointe de Banana. — Le port. — De Banana à Ponta da Lenha. — La forêt vierge des bords du fleuve. — De Ponta da Lenha à Boma. — Le banc du Héron. — Fetiche roc. — La savane. — De Boma à Vivi.

La Conférence de Berlin a puissamment aidé à la conclusion du traité entre le Portugal et l'Association internationale du Congo, par lequel la première de ces puissances a renoncé, en faveur de la seconde, à ses prétentions de souveraineté sur les territoires qui s'étendent le long de l'océan entre Cabolombo et Banana et le long de la rive droite du Congo, entre Banana et Manyanga.

Par cet arrangement, l'Association a rattaché à la mer son immense empire intérieur, ajoutant à celui-ci, le long du bas fleuve, un territoire d'une superficie équivalente à celle de la Belgique.

« Ce territoire est le seul vraiment vivant aujourd'hui ; il est couvert de nombreuses et importantes factoreries et renferme les deux ports principaux du fleuve : Banana et Boma. Sur cette base exiguë, mais pleine de ressources, peut se constituer un organisme capable de communiquer son impulsion jusqu'aux sources du grand fleuve. »

Ainsi s'exprime, dans une intéressante notice qui vient de paraître (1), M. Emile Banning, l'un des délégués belges à la Conférence de Berlin. Sous la plume d'un homme qui, depuis l'origine, collabore d'une façon active à l'œuvre du roi des Belges, ces quelques lignes ressemblent fort à un programme, en tant qu'elles définissent nettement la base des opérations futures de l'État libre du Congo.

Avant d'aborder les points essentiels de notre étude, jetons donc un coup d'œil sur cette base.

L'entrée du Congo. — Le Congo se jette dans la mer par une seule bouche, large de 11 kilomètres, entre la *Pointe française*, au nord, et *Shark-point*, au sud. L'entrée du fleuve exige une grande connaissance des courants et des vents.

Lorsque l'on vient d'Europe, la dernière escale se fait ordinairement à Landana, possession portugaise un peu au

(1) *La Conférence africaine de Berlin* et *l'Association internationale du Congo*. (*Revue de Belgique* du 15 avril 1885, p. 353.)

sud de l'embouchure du Tchiloango. Le bateau quitte cette petite rade vers 9 ou 10 heures du matin. Vers 4 heures de l'après-midi, il arrive en vue de l'embouchure du Congo. Distinctement, à l'œil nu, on aperçoit les constructions blanches de Banana, alignées le long du rivage et étincelantes au soleil. Sur le bleu limpide du ciel se détachent les pavillons multicolores des factoreries, flottant au haut des mâts. Plus au sud, se découpent sur l'horizon les falaises rouges de la rive méridionale, surmontées de leurs forêts de palmiers.

Comme il est trop tard pour entrer (le jour finit à 6 heures), le steamer va mouiller dans une petite anse, située à la côte, au sud de Shark-point, et nommée *Turtle Cove* (bassin des tortues). Le lendemain matin, vers 6 heures, il lève l'ancre, double Shark-point, entre dans le Congo en longeant la rive sud jusqu'à ce qu'il soit dans l'axe de la crique située à l'est de la Pointe française. Arrivé là, il stoppe un instant pour prendre à bord le pilote que lui envoie la factorerie hollandaise [1], met le cap au nord et, coupant en ligne directe le courant du fleuve, pique droit sur un groupe de palmiers qui lui sert de point de repère, et entre dans la crique.

Rien de majestueux comme cette entrée. Le navire, ballotté par le vent, refoulant le courant qui file ici avec une rapidité de 7 à 9 kilomètres à l'heure, lutte continuellement

(1) Chaque navire paye au pilote une redevance de 7 livres sterling pour entrer et autant pour sortir.

sur une mer toujours agitée; mais, une fois la pointe française doublée, le grand mouvement des vagues cesse, le bâtiment se redresse et glisse légèrement sur une surface unie comme un miroir.

On est dans le port de Banana. Il est 10 heures du matin. On jette l'ancre devant les factoreries, qui sont au nombre de cinq : 2 hollandaises, 1 française, 1 anglaise et 1 portugaise.

La pointe de Banana. — La pointe de Banana est une langue de terre, basse et sablonneuse, baignée à l'ouest par la mer et à l'est par un des bras du Congo formant crique et séparé du lit principal par plusieurs grandes îles. Cette pointe mesure environ 3 kilomètres de longueur; sa largeur varie de 40 à 400 mètres. Son extrémité méridionale est située par 6°1'20" de latitude sud, 12°21'50" de longitude est de Greenwich. Au centre se trouvent deux marais de formation assez récente et qui indiquent clairement le sort réservé à la pointe de Banana dans un avenir plus ou moins rapproché, si des travaux d'endiguement et des quais ne viennent pas opposer un obstacle aux assauts incessants des eaux du fleuve et de la mer. La pointe de Banana a jadis été plus large qu'elle ne l'est à l'heure actuelle. Elle finira par être submergée si l'on n'y prend garde, et avec elle disparaîtrait le beau port que sa crique présente, à l'entrée du Congo. Déjà maintenant, à certaines époques de l'année et aux jours de grande marée, les vagues de la mer montent, par places, par-dessus les terres et courent à la crique, en passant par-dessus la pointe.

Du côté de la mer, l'abordage est impossible. Le littoral est défendu par des bancs de sable. Il est précédé d'une magnifique plage de sable fin, en pente douce et mesurant 200 mètres de largeur, nommée *Praia des Pescadores* (plage des pêcheurs), qui pourrait faire de Banana la rivale africaine d'Ostende s'il n'y avait, en ces parages, à l'établissement de bains de mer, un empêchement grave : les requins.

De l'autre côté de la pointe est le port.

Le port. — Le port de Banana est constitué — nous venons de le dire — par un bras du Congo, séparant la Pointe française des îles du fleuve. Son entrée est resserrée entre deux vastes bancs de sable, visibles à marée basse : le *banc de Stella*, à l'ouest, et le *banc de Dialmath*, à l'est; mais sa largeur augmente rapidement jusqu'à 1,000 mètres (l'Escaut devant Anvers n'en a que 350). Sa longueur est de plus de 4,000 mètres, c'est-à-dire plus que le développement total des nouveaux quais d'Anvers; sa profondeur, qui varie jusqu'à 10 mètres et plus, permet aux navires du plus fort tonnage de venir y chercher un mouillage sûr, à l'abri des courants et des vents du large.

Cette crique constitue donc un des plus beaux ports naturels qui existent. Que l'on y élève un phare, que l'on y indique le chenal par des bouées, que l'on complète les sondages, que l'on construise des digues et des quais, en un mot qu'on y élève les installations maritimes sommairement commencées, et il ne saurait manquer de prendre un développement rapide.

Sa situation à l'entrée du Congo lui assure, sous peu, un avenir indiscutable. Déjà maintenant il lui arrive de réunir un nombre respectable de bâtiments. C'est ainsi que le 10 septembre de l'année dernière, le Dr Chavanne y a compté, à l'ancre, 9 vapeurs et 10 voiliers trois-mâts. Les vapeurs étaient : le *Sagittaire*, de la marine de guerre française, le *Bengo* et le *Julio Vilhena*, de la marine de guerre portugaise, la *Belgique*, la *Ville d'Anvers* et le *Héron*, de l'Association du Congo, et trois steamers de commerce anglais, hollandais et allemand.

Le port est visité aussi parfois par les baleiniers américains.

De Banana à Ponta da Lenha. — De Banana à Ponta da Lenha il y a 50 kilomètres, que l'on peut franchir en trois heures et demie. Le bras principal du fleuve conserve une largeur imposante, qui ne descend pas au-dessous de 3 kilomètres, dans les passages les plus étroits. En face de Ponta da Lenha, le Congo, resserré par le groupe des îles *Draper*, n'a plus que 700 mètres de largeur. C'est, néanmoins, encore le double de la largeur de l'Escaut devant Anvers.

Le long de chaque rive s'étend, sur une largeur variant de

1 à 12 kilomètres, une large bande de forêts, bordée, le long du fleuve même, de palétuviers, de bambous, de roseaux et d'orchidées, constituant, dans les innombrables criques que forme la rivière, une infranchissable ceinture.

Le bassin alluvial du bas fleuve produit ici des merveilles de végétation. Sur les rives, dans toutes les îles, c'est l'inextricable forêt vierge, que l'on ne peut fouiller que la hache à la main. Parmi les rois de ce domaine inexploré, nous citerons : Le palmier à éventail (*Borassus*); les palmiers sauvages ductilifères; le *Mavoumba* ou arbre à coton, géant dont le tronc unique s'élance parfois jusqu'à 30 mètres au-dessus du sol; différentes espèces de *bombacées*, arbres magnifiques, aux racines massives, aux troncs couverts d'une sorte de parasite fort semblable au chèvrefeuille et dont la taille le dispute à celle du précédent; le *Pandanus* et le *Tacoula*, dans le tronc desquels les indigènes creusent leurs canots; le *Kafkaf* ou bois de fer, qui sert dans les constructions; le *Tamarix* et quelques espèces de *Dracène*, qui produisent des gommes.

Au pied de ces géants de la forêt, s'enchevêtrent des broussailles touffues, des buissons épais, des lianes, des herbes monstres atteignant 4 et 5 mètres de hauteur, et notamment le *Sennisetum* sauvage et l'*Andropogon*. Dans cette massive ceinture de branchage, de feuillage et d'herbage, rarement une éclaircie, de loin en loin une clairière, partout le plus morne silence.

De Ponta da Lenha à Boma. — *Ponta da Lenha* [1] (en français : Pointe des bois) est un groupe de trois factoreries hollandaises et anglaises, établies dans la grande île *Tchiwangi*.

Jusqu'à cet endroit, la navigation du Congo ne présente aucune difficulté : le chenal est partout d'une largeur immense et les profondeurs permettent le passage aux plus grands navires du monde. Au delà de Ponta da Lenha, les embarras commencent et la grande navigation est arrêtée net par un banc de sable mouvant, que plusieurs mésaventures arrivées au petit steamer *le Héron*, de l'Association internationale, ont fait appeler *banc du Héron*. Ce n'est toutefois là qu'une obstruction provisoire. Une étude attentive, un ingénieur habile et un crédit de quelques milliers de francs auraient bien vite raison du fleuve en cet endroit et établi un passage pour les steamers d'Europe qui, sans rompre charge à Banana, voudraient remonter jusqu'à Boma.

Dans cette partie de son cours, le fleuve est plus resserré, obstrué qu'il est par la suite des grandes îles *Nouangoua, Tchissiale, Matebba, Tchiango, Ntoukoulou*, etc. A *Fétiche roc*, — sorte de promontoire en granit, dénudé, au pied duquel le Congo tourbillonne sur des récifs, — le fleuve se resserre jusqu'à 1,500 mètres. Il reprend toute sa magnifique largeur devant Boma (4,700 mètres), où son cours est divisé

(1) Latitude 5°56'17", longitude 12°15'54" est de Greenwich, altitude absolue, 9m4. (Dr Chavanne.)

Vue de Boma.

en deux bras puissants par le groupe des trois îles *Nvouma*, *N'kété* et *M'bouca*.

Sur les rives, le décor a changé. Un peu en amont de Ponta da Lenha, finit, presque subitement, la forêt vierge et commence la savane. Sur la rive, une ceinture de papyrus et de roseaux. Au delà des plaines, à perte de vue, un océan d'herbes, au milieu duquel sont semés, par-ci par-là, quelques îlots composés de *palmiers-éventails*, de *palmiers élaïs*, d'*acajous nains* et de *baobabs*. Ces deux derniers arbres ont remplacé le manglier et le cocotier, qui appartiennent en propre aux régions maritimes et qui ont besoin, le premier, des eaux saumâtres, le second, de la brise salée.

Entre Ponta da Lenha et Boma, il y a 45 kilomètres que les steamers franchissent en trois et demie ou quatre heures

De Boma à Vivi. — Boma [1] est l'Anvers du Congo; c'est le port intérieur du grand fleuve, l'entrepôt où viennent aboutir les produits marchands de l'intérieur, le comptoir principal où l'indigène vient se fournir de cotonnade, d'armes, de poudre, de verreries, de poteries et de tafia. Entre la rive droite du fleuve — le long de laquelle s'alignent les huit factoreries européennes et la mission des pères français — et la rive gauche de l'île N'kété, située en face, le fleuve présente une rade superbe, d'une largeur

(1) Latitude 5°46'37", longitude est de Greenwich 13°10'7", altitude absolue, 25m4. (Dr Chavanne.)

de 1,350 mètres et d'une profondeur variant de 6 à 20 mètres.

Au delà de Boma, sur un monticule situé à près d'un kilomètre de la rive du fleuve, on aperçoit la belle construction du *sanitarium* de l'Association, construit par le Dr Allard. Le bâtiment est construit sur pilotis, à 2 mètres du sol. Il règne tout autour une large véranda, accessible de chaque côté par des escaliers. L'entrée principale est à l'est; de ce côté s'ouvre une salle à manger de premier ordre. Les chambres, au nombre de huit, sont aérées, bien éclairées et bien ventilées, amplement pourvues de literies, de chaises, de canapés et de bains. Le sanitarium de Boma est la plus vaste et la plus confortable de toutes les constructions élevées jusqu'ici au Congo par les Européens [1].

A environ 20 kilomètres en amont de Boma, les rives prennent un aspect plus pittoresque; le vaste panorama de plaines que l'on a pu contempler en aval se rétrécit rapidement; les montagnes de la rive droite, hautes et boisées, rejoignent le fleuve à 15 kilomètres environ; celles de la rive gauche, plus dénudées et plus sauvages, à 45 ou 50. Le bassin alluvial du bas Congo se clôt ici.

Au delà de la grande *île des Princes*, le fleuve se rétrécit considérablement; les îlots disparaissent, la nappe d'eau se

(1) On en trouvera une vue dans le *Mouvement géographique*, 1884, p. 46, ainsi que dans *les Belges au Congo*, p. 13.

présente en une seule masse, qui varie, en largeur, de 500 à 2,000 mètres. Les rives s'élèvent, par places, à pic, jusqu'à 350 mètres; la vitesse et la profondeur croissent, les récifs se montrent, ainsi que quelques petits rapides; les difficultés de la navigation augmentent.

La première station de l'Association qui se rencontre est celle d'Ikoungola (rive droite), située à peu près en face du village de Noki (rive gauche), autre centre commercial et dernier village portugais.

Puis, après avoir dépassé le confluent du Mpozo, au delà duquel s'élève une autre station de l'Association, on arrive à Vivi. Entre Boma et Vivi, le trajet mesure 85 kilomètres et exige en bateau de sept à huit heures [1].

A quelques kilomètres en amont du promontoire sur lequel est construite la station de Vivi [2], le Congo cesse d'être navigable : les chutes Livingstone commencent. La partie accessible aux steamers mesure donc, en total, 180 kilomètres que l'on franchit en moins de quinze heures.

Telle est la base sur laquelle la civilisation et le commerce européens viennent de prendre pied et d'où va partir le chemin de fer qui, contournant les difficultés que présente

(1) On trouvera une intéressante description de ce trajet dans une lettre de M. le comte de Pourtalès, actuellement chef de la station de Vivi, publiée dans l'*Afrique explorée et civilisée*, 1885, p. 60.

(2) Latitude 5°40', longitude est de Greenwich 13°49', altitude de la station 114 mètres. (Dr von Danckelmann.)

aux transports, par le fleuve, la succession des chutes Livingstone, va devenir l'un des instruments principaux de l'exploitation des innombrables produits naturels de l'Afrique centrale, en même temps que l'introducteur dans ces régions lointaines des produits manufacturés de l'Europe.

CHAPITRE II

LA FERTILITÉ DU SOL

Le Zambèse et le Manyéma, d'après Livingstone. — L'Ogooué, d'après Du Chaillu. — L'Ounyamouési, d'après Burton. — L'Oukahouendi, d'après Stanley. — Les régions centrales, d'après Stanley et Cameron.

Ce sont les explorations de Livingtone en 1851 et 1853, dans le bassin du Zambèse, qui furent les premières à démontrer qu'au lieu d'une contrée aride et déserte, telle qu'on se l'était imaginé, le plateau intérieur de l'Afrique est un pays admirable, d'un sol fécond, traversé dans toute son étendue par des fleuves gigantesques et des rivières sans nombre, présentant de vastes forêts, de belles vallées et habité par une population considérable.

Depuis lors, les voyages entrepris jusqu'au cœur du continent, dans les contrées que drainent le Congo et ses affluents, par Burton, Speke, Cameron, Stanley, Wissmann, Pogge, Comber, Buchner, de Mechow, Serpa Pinto, Du Chaillu, de Brazza; par Hanssens, Cambier, Storms, Valcke, Coquilhat, Van Gèle, Vande Velde, Destrain, Roger, Spencer Burns et les autres agents de l'Association internationale, sont venus confirmer ces premiers renseignements.

Livingstone appelle l'attention des colonisateurs sur le plateau habité par les Batoka, rive gauche du Zambèse, entre les confluents du Kafoué et le Mujilé. Le voyageur l'a parcouru à deux reprises différentes : en décembre 1855 et en juillet 1860 (1), et les relations de ses voyages contiennent l'expression de sa vive admiration et de sa confiance dans l'avenir de ce beau pays.

« D'après le témoignage de mes hommes, écrit-il, cette région est un vrai paradis; ses pâturages, sa fertilité, son air salubre, tout concourt à la rendre précieuse aux indigènes, chez qui l'agriculture et l'élève du bétail sont fort en honneur... La vue de ces plaines découvertes, l'élévation croissante des lieux et l'air qu'on y respire procurent un bien-être infini. »

Livingstone, encore, parle en termes enthousiastes de la magnifique vallée qui traverse le Chiré, l'émissaire du lac Nyassa (2).

« La fertilité du sol, dit-il, nous a été largement prouvée

(1) *Explorations dans l'intérieur de l'Afrique centrale*, 1877, p. 522-562.
(2) *Le Zambèse*, p. 106, 121, 326, 463 et 541.

par la richesse de ses produits... On pourra juger de la fertilité de cette région par ce fait que des plantes, qui réclament ailleurs beaucoup de soins, telles que le cotonnier, le tabac, le ricin, l'indigotier, viennent ici à l'état sauvage... »

Ailleurs, le même voyageur décrit comme suit la région qui s'étend entre le lac Tanganîka et Nyangoué sur le Congo :

« Le sol du Manyéma est argileux et d'une fertilité remarquable; à peine semé, le maïs s'élance à graine, et il suffit d'arracher les mauvaises herbes pour que toutes les récoltes soient à profusion... Tout le pays est admirable. Des palmiers couronnent les plus hauts sommets, où leurs frondes aux courbes gracieuses, agitées par le vent, ondulent avec une beauté souveraine. Les grands bois, ordinairement de cinq ou six milles de large, qui séparent les groupes de villages, sont d'une richesse indescriptible; partout des fruits inconnus, quelques-uns de la grosseur d'une tête d'enfant; partout des oiseaux étranges et des singes.

« Le sol est d'une extrême fécondité; et les habitants, bien que divisés par d'anciennes querelles qui ne s'apaisent jamais, cultivent largement la terre [1]. »

Paul Du Chaillu, qui, le premier, a parcouru les territoires que traverse l'Ogooué et donné sur son commerce et ses produits les plus intéressants détails, s'exprime ainsi sur le plateau habité par les Ashiras :

« A l'approche du soir, dit le voyageur, quelque change-

(1) *Dernier journal de Livingstone*, t. II, p. 36 et 90.

ment se manifesta dans l'aspect du pays. On voyait de temps en temps des plantations; le sol devenait plus argileux; enfin, nous sortîmes de l'immense forêt, et du haut d'une colline, je vis tout à coup se déployer en face de moi la grande prairie qui forme le pays des Ashiras, plaine immense, parsemée de nombreux villages qui, à une certaine distance, ressemblent à des nids de fourmis. Longtemps, je demeurai en contemplation devant ce paysage, un des plus beaux que j'aie vus de ma vie. Aussi loin que mon regard pouvait s'étendre, ce n'était qu'une prairie onduleuse. Comme je l'ai su plus tard, cette plaine a environ cinquante-cinq milles de long sur dix de large. Sur toute sa surface sont disséminés des groupes de petites cabanes. Les hauteurs et les vallées sont sillonnées de sentiers pareils à des rubans qui s'entre-croisent; çà et là, l'œil est attiré par les reflets argentés d'un ruisseau qui se déroule en suivant les plis du terrain, et dans le lointain apparaissent des montagnes plus hautes que je n'en ai jamais vu, et dont la cime se perd dans les nuages. C'est un spectacle grandiose [1]. »

Les Arabes sont établis depuis environ cinquante ans à Tabora. L'exemple de leurs pratiques agricoles n'a pas tardé à faire de l'Ounyamouési le jardin de cette partie de l'Afrique. Écoutons Richard Burton :

« Ses villages, qui s'élèvent, à de fréquents intervalles, au-

(1) *Voyages et aventures dans l'Afrique équatoriale*, p. 458.

dessus de leur rempart aux branches coralliformes et d'un vert métallique, sont relativement populeux, ses champs bien cultivés. De grands troupeaux de bêtes bovines, à la robe variée, aux flancs arrondis, à bosse volumineuse, comme les races de l'Inde, se mêlent à des bandes considérables de chèvres et de moutons, dispersées dans les pâturages, et donnent à la campagne un air de richesse et d'abondance. Il y a peu de scènes plus douces à contempler qu'un paysage de l'Ounyamouési, vu par une soirée de printemps (1) ».

Lors de son exploration à la recherche de Livingstone, Stanley traversant l'Oukahouendi, situé entre Tabora et Karéma, s'écria avec enthousiasme :

« Bel Oukahouendi, pays enchanteur, à quoi pourrai-je comparer le charme sauvage de ta nature libre et féconde? L'Europe n'a rien qui puisse en approcher. Ce n'est que dans la Mingrélie, dans l'Imérithie ou dans l'Inde que j'ai trouvé ces rivières écumantes, ces vallées pittoresques, ces fières collines, ces montagnes ambitieuses, ces vastes forêts aux rangées solennelles de grands arbres, dont les colonnes droites et nues forment ces longues perspectives que vous avez ici. Et quelle puissance, quel luxe de végétation! Le sol y est si généreux, la nature si séduisante, qu'en dépit des effluves mortelles qui s'en échappent, on s'attache à cette région, dont un peuple civilisé chasserait la malaria et ferait un pays non moins salubre que productif (2). »

(1) *Voyages aux grands lacs de l'Afrique orientale*, p. 364.
(2) *Comment j'ai retrouvé Livingstone*, p. 473.

Enfin, concernant la partie centrale même, nous avons les témoignages de Stanley et de Cameron.

A Berlin, le premier de ces explorateurs a déclaré devant la commission technique de la Conférence africaine, qu'aucune région équatoriale ne peut rivaliser, pour la fertilité, avec l'Afrique centrale, qui produisait, pour ainsi dire, tout ce que réclament les besoins de l'Europe (1).

Cameron n'est pas moins catégorique. Pour lui, tout le pays qui s'étend entre le Tanganîka et la côte occidentale est d'une richesse indescriptible.

« Le centre de l'Afrique est un pays merveilleux, dont les produits égalent en nombre et en diversité ceux des régions les plus favorisées du globe ; et si l'on employait les habitants de cet heureux pays à l'exploitation de ces richesses minérales et végétales, de grandes fortunes seraient la récompense des pionniers du nouveau commerce (2). »

Cette riche contrée est-elle aussi peuplée que certains voyageurs l'assurent?...

C'est ce que nous allons rechercher dans le chapitre suivant.

(1) *Déclaration de M. Henry-M. Stanley devant la commission technique de la Conférence africaine*, p. 11.
(2) *A travers l'Afrique*, p. 523.

CHAPITRE III

POPULATION

Le Manyéma, d'après Livingstone. — Le Congo entre Nyangoué et les Stanley-Falls, d'après Stanley. — Le Congo septentrional et ses grands affluents, d'après les agents de l'Association. — Le bas Congo. — La région centrale du bassin, d'après Wissmann et Livingstone.

Il est très difficile, à l'aide des renseignements fort incomplets encore que nous possédons, d'émettre une opinion sérieusement motivée sur la population du bassin du Congo. Stanley, dans des conférences qu'il a données à Manchester et à Glascow, en décembre 1884, se basant, d'une part, sur ses propres explorations le long du fleuve et quelques-uns de ses principaux affluents, s'appuyant, d'autre part, sur les renseignements fournis par les voyageurs qui ont traversé les régions situées dans le bassin méridional du fleuve, n'hésite pas à estimer cette population à 30 millions d'habitants, c'est-à-dire à un peu moins que la population de la France.

Impossible de contrôler un tel chiffre, pour plusieurs raisons. D'abord, une grande partie des territoires qui, conventionnellement, constituent le nouvel État libre du Congo, n'ont pas encore été traversés par des blancs, et pour se faire une idée approximative de leur population, l'on doit se contenter des rapports des traitants arabes ou des trafiquants indigènes. Ensuite, un grand nombre des voyageurs qui ont parcouru ces contrées ont négligé de nous fixer sur ce point essentiel et leurs relations de voyage ne renferment que peu de données.

Sous ce rapport, on constate toute la supériorité d'observation de Livingstone. Rien ne lui échappe, à lui. Il apprécie l'importance du moindre détail. Aussi ses ouvrages sont-ils une source inépuisable de renseignements utiles. Il n'a visité le bassin du Congo que dans sa partie orientale, celle avoisinant les lacs Bangouélo, Moéro et Tanganîka, mais l'on peut dire que, grâce à lui, cette partie de l'Afrique est entr'ouverte ; on peut s'en faire une idée. Il a franchi, en 1869-1871, les 450 kilomètres qui séparent la rive occidentale du Tanganîka de Nyangoué sur le Congo. Voici quelques extraits de son *Dernier journal* (2e volume), où est relatée cette exploration. Ils nous fixent sur la population de ce pays, qui s'appelle le *Manyéma* et qui est compris dans les limites de l'État libre du Congo.

Le Manyéma, d'après Livingstone. — *1er novembre 1869.* — Notre marche fut à l'ouest d'abord, puis au sud-ouest, dans un pays d'une beauté qui surpasse tout ce qu'on peut dire : des montagnes, et des villages accrochés aux pentes de toutes les grandes masses. (P. 35.)

6, 7 et 8 novembre. — Traversé depuis trois jours beaucoup de grands villages, où nous avons été diversement accueillis. (P. 37.)

9 novembre. — Gagné des villages où tout le monde a été poli. (P. 37.)

15 novembre. — Le pays regorge de villages. (P. 38.)

5, 6 et 7 janvier 1870. — Nous avons marché droit au nord, traversant une solitude, puis de nombreux villages et des ruisseaux permanents. (P. 43.)

26 juin. — Le nombre des petits cours d'eau est surprenant et chacun d'eux a, sur une largeur de 3m50, une lisière de vase tenace, où les pieds des passants ont creusé un lit profond. Nous en avons franchi 14 en un jour... Beaucoup de villages; tous les chemins traversent des groupes d'habitations humaines. (P. 52.)

3 juillet. — Traversé les neuf villages qui ont été brûlés pour un rang de perles [1]. (P. 52.)

[1] Par les traitants arabes qui chassent l'homme dans ces parages, ruinant et dépeuplant la contrée.

2 novembre. — La plaine dépourvue d'arbres qui flanque le Loualaba (Congo), sur la rive droite, et qui porte le nom de Mbouga, a une population compacte, population honnête, obligeante, amicale. De 50 à 60 grands canots viennent tous les jours de la rive gauche amener les gens au marché. (P. 83.)

6 mars 1871. — Passé dans de très gros villages, où beaucoup de forges étaient en activité. (P. 123.)

23 mars. — Le pays est doucement ondulé, avec des pentes vertes, frangées de bois et une herbe de 1m20 à 1m80 de hauteur. Les villages sont nombreux. Croisé beaucoup d'habitants qui revenaient du marché, d'où ils rapportaient des charges de provisions, entre autres du manioc. (P. 126.)

27 mars. — Marché au sommet d'une crête de terre qui domine une belle vallée de dénudation. Au loin, du côté du nord, les collines bien cultivées où Hassani (chasseur d'hommes arabe) avait perpétré ses hauts faits. De nombreux villages sur la rampe; quelques-uns mal entretenus, ce qui annonce toujours le gouvernement d'un tyranneau. (P. 127.)

29 mars. — Route de 14 kilomètres qui nous a fait gagner les villages extérieurs du Nyangoué. Une soixantaine de personnes revenant d'un marché tenu au bord du Loualaba (Congo) ont passé à côté de nous... Le pays est découvert et parsemé d'arbres, principalement d'une espèce de bauhinia. Il y a des arbres le long des cours d'eau; les villages sont nombreux, et dans chacun se voit une foule de cochons. (P. 128.)

1er avril 1871 (1). — Les rives (du Congo) sont populeuses; mais pour se faire une idée du chiffre des habitants, il faut voir les marchés: parfois 3,000 personnes, principalement des femmes. (P. 130.)

2 avril. — Aujourd'hui il y avait sur la place un millier d'individus avec de la poterie, de la cassave, des tissus d'herbe, du poisson, de la volaille... Il arrivait encore du monde, qui venait de l'autre rive, avec des marchandises. (P. 130.)

Le Congo entre Nyangoué et les Stanley-Falls, d'après Stanley. — En ce qui concerne la population des rives du Congo même, sur la distance de 300 kilomètres qui sépare Nyangoué des Stanley-Falls, nous possédons les renseignements fournis par Stanley, le seul Européen qui ait jamais visité ces parages. Parmi le grand nombre d'observations qu'il fait relativement à la densité de la population de cette partie de l'Afrique, nous extrayons de la relation de son voyage les intéressantes données suivantes (2) :

4 décembre 1876. — Ce jour-là, nous trouvâmes sur la rive nord de la crique de Mourihoua un village remarquablement long, ou, pour mieux dire, une série de villages,

(1) Livingstone arrive, ce jour-là, à Nyangoué, sur la rive droite du Congo, qu'il est le premier à saluer au centre de l'Afrique.

(2) *A travers le continent mystérieux*, t. II.

séparés les uns des autres par des intervalles de cinquante à cent mètres et formant une rue uniforme de 9 mètres de largeur et de plus de 3 kilomètres de longueur. Derrière les villages étaient les bananeries et les bouquets de palmiers qui fournissent aux habitants de cette région des fruits, de l'huile et du vin. Cette ville remarquable, nommée Ikonndou, est située par 2°53' de latitude méridionale... Ikonndou était absolument désert, mais les vivres y étaient abondants... Où avait pu fuir une population aussi nombreuse?... Car assurément le village avait plus de 2,000 habitants. (P. 174.)

8 décembre. — Nous descendîmes le fleuve jusqu'à Ounga-N'sinnghi, autre grand village d'un mille de long... Sur la rive méridionale, au sommet de falaises de 125 pieds de haut se trouvait une autre ville semblable, nommée Kissoui-Tcha-Auriko.

Ounga-N'sinnghi est situé par 2°49' de latitude méridionale. Presque en face se trouve Ourannghi, autre série de petits villages. Sur la rive septentrionale de l'embouchure de la Lira, s'élève le village d'Ouranndja et, vis-à-vis de ce dernier, celui de Kissoui-Katchammba. La ville de Méghinna est, dit-on, à une vingtaine de milles au sud-est. (P. 180-181.)

18 décembre. — Là, m'arrêtant pour examiner les bords du fleuve, je vis avec surprise, à un quart de mille en aval du camp, une grande ville composée, comme précédemment, d'une série de villages formant une ligne uniforme sur la rive droite. De magnifiques plantations de palmiers et de bananiers, d'une grande étendue, prouvaient la prospérité de ce canton populeux. (P. 186.)

28 décembre. — D'après le nombre d'ennemis que nous avions eu à combattre sur la rive et sur le fleuve, je savais que le district de Vinya-Ndjara était populeux; mais j'étais loin de me faire une idée du chiffre de ses habitants. Je comptai, ce jour-là, 14 villages, chacun avec ses plantations d'élaïs et de bananiers, et séparés l'un de l'autre par des fourrés épais. Tous les trois ou quatre milles, à partir de Vinya-Ndjara, de petites bourgades se voyaient sur l'une ou l'autre rive. (P. 200.)

29 décembre. — En aval de l'île Kaïmmba et de ce village, le Congo prend une largeur de plus de 1,600 mètres. A cet endroit, ses rives sont très populeuses; les villages de la rive gauche constituent le district de Louavala. (P. 202.)

3 janvier 1877. — Devant chaque village que nous rencontrions, des groupes d'hommes et de femmes, assis sur la berge, répondaient amicalement à nos saluts pacifiques. (P. 220.)

8 janvier. — La grand île que nous avions passée quand nous aperçûmes les villages des Bassoua, en aval de la première cataracte, fut appelée Nouakibiano. (P. 228.)

9 janvier. — Dans la matinée, j'explorai l'île de Tcheanndoah, que je trouvai beaucoup plus grande que je ne l'avais supposé d'abord. Elle était extrêmement populeuse et renfermait cinq villages. (P. 228.)

26 janvier. — L'étendue des villages témoignait d'une

population nombreuse et leur disposition leur donnait une certaine ressemblance avec ceux du haut Nil. Chacun de ces villages, toutefois, était distinct de son voisin, quoiqu'il n'en fût séparé que par une courte distance. On y trouvait quatre ou cinq rues parallèles de neuf mètres de large, avec des ruelles transversales coupant les rues à angle droit et conduisant d'un côté du village à l'autre. La population entière de ce groupe de villages peut, sans exagération, être portée à 6,000 âmes. Sur la rive opposée, se trouvait une ville du même genre, dont les habitants couvraient tous les rochers voisins. (P. 252.)

Ce dernier extrait concerne la tribu des Vouenya, riverains de la 7e cataracte de Stanley. C'est parmi eux que l'expédition de l'Association internationale a fondé, six ans plutard, le 3 décembre 1883, la station des Stanley-Falls. L'île d'Ouana-Rousani, dans laquelle celle-ci est établie, a une population évaluée à 1,500 âmes [1].

Le Congo septentrional, d'après les agents de l'Association. — Si maintenant nous passons des régions orientales du bassin du Congo aux régions septentrionales, nous nous trouvons en présence de renseignements moins nombreux et moins précis. Les raisons en sont simples. D'abord, dans toute cette partie de l'Afrique, l'exploration n'a encore porté que sur le Congo même, sur quelques

(1) Le *Mouvement géographique*, 1884, p. 11, c. 1.

districts riverains et sur le cours inférieur d'un certain nombre de grands affluents. Ensuite, entre le confluent de l'Arouhouimi et celui du Koango, le fleuve atteint des proportions tellement colossales, — il mesure en certains endroits 30, 40 et même 50 kilomètres de largeur, — la navigation à travers le méandre des îles innombrables y est si difficile, que les voyageurs ont dû souvent s'écarter des bords sans pouvoir exactement se rendre compte de l'état et de la population des pays riverains.

Au surplus, les relations de voyages et les rapports des agents de l'Association n'ont pas encore été publiés. Le livre de Stanley est sous presse à Londres, à Leipzig, à Bruxelles; le journal de voyage du capitaine Hanssens est en route pour l'Europe; la publication de l'un et de l'autre de ces précieux documents va, sans aucun doute, faire une lumière nouvelle sur ces parages quasi inconnus jusqu'ici. En attendant, résumons ici, d'après les lettres des voyageurs, ce que l'on sait sur la population des bords du Congo moyen.

Lorsqu'on remonte le cours du fleuve, le premier grand affluent de la rive gauche est le Koango. Il a été exploré par MM. de Winton, Comber et le lieutenant Massari. Aucun gros village ne se rencontre avant d'arriver à Mbo, situé à dix lieues du confluent. Plus haut on trouve Mboussi, grande agglomération d'habitations d'une étendue de près de 4 kilomètres. Ces indigènes appartiennent à la nation des Wabouma, grands pêcheurs et aussi grands marchands, qui vont jusqu'au Stanley-Pool échanger leurs produits contre des étoffes et autres marchandises européennes (1).

Entre le confluent du Koango et celui de l'Irebou s'étend le pays des Bayanzi. Le capitaine Hanssens, qui y a fondé en 1882 la station de Bolobo, écrit dans une de ses lettres :

« Entre Kwamouth et Bolobo, la rive gauche du Congo est entièrement peuplée. Les villages se succèdent à de très faibles intervalles. A partir d'Itimba, où commence le district de Bolobo, les agglomérations se suivent pour ainsi dire sans interruption (2). »

L'Irebou est l'émissaire par lequel les eaux du lac Matoumba, découvert par Stanley en mars 1882, déverse ses eaux dans le Congo. Dans une lettre adressée le 11 juillet 1883, par Stanley, à un de ses amis d'Angleterre, et publiée par les journaux de Londres (3), nous trouvons sur cette contrée le renseignement suivant :

« La population des rives du lac Matoumba est si dense que, si elle était égale dans tout le bassin du Congo, nous aurions une population de 49 millions d'habitants, soit 55 habitants par mille carré. Je n'ai jamais vu commerçants aussi convaincus que ces gens. Ils trafiquent de tout. »

(1) Le *Mouvement géographique*, 1884, p. 57, c. 3.
(2) *Ibid.*, 1884, p. 40, c. 2.
(3) Voir sa traduction dans le *Bulletin de la Société belge de géographie*, 1884, p. 775.

Sur le Rouki, qui se jette à 5 kilomètres en amont de la station de l'Équateur, c'est le lieutenant Van Gèle, chef de cette station, qui nous fournit quelques données. Un indigène qui connaît cette rivière pour l'avoir parcourue plusieurs fois, lui a rapporté les noms de 21 gros villages situés jusqu'à dix jours de marche du confluent, le long de la rive gauche, « qui est extrêmement peuplée (1) ».

Ouranga, situé au confluent du Loulemgou, est, d'après Stanley, un autre district très populeux.

Le Mboundgou est le grand affluent de droite que reçoit le Congo au point où, après avoir coulé de l'est à l'ouest, il s'infléchit vers le sud. Le capitaine Hanssens l'a remonté en avril 1884. Sur sa rive gauche, il a trouvé l'importante agglomération de villages portant le nom d'Oubangi. C'est là que se tient l'un des plus importants marchés de cette partie de l'Afrique (2).

Le même explorateur a remonté sur une distance de 75 kilomètres l'Itimbiri, important tributaire, qui descend des frontières du Soudan. Il a trouvé sa rive gauche extrêmement peuplée, de même, du reste, que toute la partie de la rive droite du Congo, située entre les confluents du Npala et de l'Itimbiri (3).

A son tour, l'Arouhouimi a été reconnu dans les 300 kilomètres de son cours inférieur. « Les rives en sont fort

(1) Le *Mouvement géographique*, 1884, p. 62, c. 1.
(2) *Ibid.*, 1884, p. 38, c. 1.
(3) *Ibid.*, 1884, p. 97, c. 2.

peuplées, écrit Stanley dans son rapport au comité. Partout de grands villages riches en produits africains [1]. »

Enfin, sur divers autres points, où les agents de l'Association se sont arrêtés, à Ousindi, à Roubouga, à Bourouba, à Yambiga, chez les Basoko et chez les Mawembé, de populeux districts ont été entrevus.

Le bas Congo. — La partie inférieure du cours, celle qui s'étend entre Banana et le Stanley-Pool est, sous le rapport de la population, moins favorisée que les parties centrales. Les villages y sont clairsemés, surtout le long des rives. Dans l'intérieur des terres, chez les Mayombé au nord de Boma et de Vivi, et chez les Bakongo au sud du Stanley-Pool, la population paraît plus dense.

Quoi d'étonnant à un tel état de choses?... Depuis trois siècles, les chasseurs d'hommes n'ont pas cessé de fouiller toutes les criques du bas fleuve, de porter leurs dévastations et leurs razzias dans les districts voisins des rives, de décimer la population, d'entraver les cultures, de transformer ces contrées paisibles, au sol fertile, en une région infernale.

Le long de cette partie du cours du Congo, les districts les plus habités sont situés entre Issanghila et le Stanley-Pool, c'est-à-dire ceux où, avant Stanley, personne n'avait pénétré. « Cette partie du pays — dit M. Roger, qui l'a par-

(1) Le *Mouvement géographique*, 1884, p. 10, c. 2.

courue à diverses reprises en qualité d'agent de l'Association — est relativement la plus peuplée... Ces régions nous paraissent être le pays le plus confortable que nous ayons parcouru le long du Congo, à cause des populations qui y sont assez denses et très douces, aussi bien que de la quantité des vivres que l'on y trouve (1). »

La région centrale, d'après Wissmann et Livingstone. — Quant à l'immense étendue de plaines qui s'étend au cœur du continent, dans le grand coude que décrit le Congo vers le nord, vaste pays vierge, si richement drainé par les grands tributaires qui, dans leur cours supérieur, s'appellent le Kassaï, le Loubilach et le Lomani, c'est aux voyageurs allemands, Wissmann et Pogge, les seuls qui l'aient traversé, que nous devons nous adresser.

La relation de leur voyage n'a pas encore été publiée. Nous n'en connaissons quelques détails que grâce au résumé qu'en ont donné, d'après les renseignements fournis par le lieutenant Wissmann, certaines revues savantes de l'Allemagne.

« Il est très problématique, dit l'explorateur, d'estimer le nombre des habitants d'une contrée qu'on ne fait que traverser. Je pense, toutefois, ne pas me tromper beaucoup en estimant la population des provinces arrosées par le

(1) *Le Congo.* (*Bulletin de la Société royale belge de géographie*, 1884, p. 663 et 664.)

Loubilach et le Lomani à 1,500 ou 2,000 habitants par lieue carrée, ce qui est à peu près la population des provinces les moins peuplées de l'Allemagne [1]. »

Ces renseignements sont confirmés par Livingstone, en ce qui concerne le pays que traverse le Lomani. Tandis qu'il était à Nyangoué, Livingstone y recueillit des renseignements sur la nation des Bakouss, qui occupe les bords de cette rivière.

« C'est au bord du Lomani, dit-il, qu'habitent les Bakouss... Plus agriculteurs que les Manyéma méridionaux, les Bakouss ont des champs plus étendus... Leurs demeures sont à deux étages; leur nombre est prodigieux. Le pays — c'est à la lettre — regorge d'habitants; les villes des chefs ont plus d'un mille d'étendue; il ne reste que très peu de la forêt primitive [2]. »

Quelque incomplets et vagues qu'ils soient, les renseignements qui précèdent ne laissent aucun doute sur la présence, dans le haut plateau africain, d'une population compacte en bien des points.

La création de centres civilisateurs ne pourra que la faire augmenter, en éloignant, par la seule présence des Européens, les chasseurs d'hommes qui ruinent et dépeuplent les districts qu'ils exploitent; en apaisant, par le prestige des

(1) *Mittheilungen der Afrikanischen Gezellschaft in Deutschland.* Band IV, Heft I, p. 57.
(2) *Dernier journal*, t. II, p. 143-144.

blancs, les querelles de tribu à tribu ; en diminuant, par conséquent, la guerre qui règne pour ainsi dire à l'état permanent dans toute l'Afrique centrale et qui, par la cessation des travaux agricoles, engendre partout la famine et le dépeuplement.

CHAPITRE IV

LES INDIGÈNES DU BAS CONGO (1)

Mœurs et coutumes.

Type. — Costume. — Tatouage. — Denture. — Habitations. — Objets de ménage. — Outils. — Instruments de musique. — Agriculture. — Pêche.

En considérant les populations du bas Congo, surtout pour autant qu'elles habitent les rives de ce grand fleuve, nous devons avoir égard à la circonstance qu'on n'y rencontre plus un type pur et qu'il y a eu, dans ces contrées, mélange entre les populations nègres venues des différentes parties de l'Afrique et la population aborigène; mélange qui

(1) Cette étude est empruntée à une lettre adressée au *Mouvement géographique* par M. le Dr Zintgraff, de Berlin, et publiée par ce journal dans ses numéros des 8 février et 5 avril 1885, pp. 10 et 26.

s'explique par l'histoire de la traite des esclaves et que l'on pourrait qualifier de migration des peuples africains.

L'habitant du bas Congo, aussi bien que le Mayombé et que le Moussorongo, est d'une stature svelte, qui fait deviner, par ses formes bien proportionnées, plus d'élasticité que de force brutale; il est très rare de rencontrer ces types de colosse, montrant une musculature exubérante, comme on en trouve parmi les nègres Croo. A ce corps svelte correspondent un crâne ovale et une figure de forme analogue, qui donnent aux individus, dans les moments d'excitation, un air extrêmement vif et intelligent. Pourtant, une belle tête est aussi rare qu'une figure repoussante. La couleur de la peau varie du brun foncé au brun clair; chez les individus d'un noir bleuâtre, il doit y avoir eu mélange de sang étranger, car ces derniers types montrent une formation de corps plus défectueuse, poitrine plate et membres grêles; de plus, la peau des jambes et de la partie inférieure de la poitrine forme souvent des plis. Les cheveux sont presque toujours coupés court; on rencontre cependant quelques nègres qui les portent longs au milieu du crâne et relevés, ce qui leur donne assez bien l'aspect de clowns. D'autres se font raser la tête depuis la nuque jusque vers le milieu de l'occiput et, de là, en ligne droite au-dessus des oreilles jusqu'aux tempes, de façon que l'on pourrait s'imaginer voir une tête chauve, portant un bonnet rond en laine frisée. La barbe est faible et toujours assez claire; les indigènes portant toute la barbe sont très rares.

Au bas Congo, où le nègre est déjà depuis quelque temps en relations avec les nations civilisées, on recherche en vain un costume indigène. Partout on porte des étoffes importées d'Europe, appelées *panno* (ce qui veut dire *étoffe* en portugais), de couleurs vives et tournées autour des hanches. Les indigènes prennent ces étoffes comme modèles, fabriquent avec des herbes très fines des tissus fort délicats qui, avec les franges y attachées, dénotent de leur part assez de goût. Seuls, les rois ou les princes portent, dans des occasions extraordinaires, outre le *panno*, des habits noirs ou rouges.

Le roi se distingue par une peau de léopard ou de chat sauvage placée en guise de tablier; cette peau est garnie d'une clochette, qui prend souvent les proportions d'une vraie sonnette et annonce de loin l'approche du maître. Celui-ci porte, en outre, une longue canne, souvent garnie d'une poignée d'ivoire taillée et représentant un fétiche; puis le long bonnet, insigne de la royauté, tissé de très délicate façon, avec des fibres d'ananas; on y attache, au Congo, une grande valeur, car on paye ces bonnets 20 et 30 francs.

Les enfants sont moins habillés : jusqu'à un certain âge, garçons et fillettes courent même nus dans les rues de leur village; à peine leur voit-on, de temps en temps, autour des reins, une ceinture faite de coquillages, de racines ou d'autres objets; peut-être est-ce le dernier souvenir de leur ancien costume, celui de leurs grands-parents. Cette ceinture de coquillages est cependant portée encore par des adultes, sous leur *panno*, comme on porterait, par piété, un bijou de famille. Ajoutons que dans le costume, ici comme ailleurs, les ornements et les parures jouent le rôle principal.

Le tatouage est presque général dans les deux sexes; il consiste en nombreuses incisions faisant des cicatrices sans suite, en forme de bourrelets longs d'un centimètre, sur le dos, sur les épaules, sur la poitrine et même sur le ventre; des dessins réguliers, larges de deux centimètres, obtenus par des incisions faites en croix, et également sous forme de bourrelets, tournent, comme un ruban, autour du bas-ventre.

Les dents incisives sont quelquefois brisées, aussi bien dans la mâchoire supérieure que dans l'inférieure; mais on les voit encore plus souvent limées, soit que les deux incisives de la mâchoire supérieure soient limées en pointes ou seulement limées d'un côté, soit qu'elles soient limées en demi-cercles réguliers ou en coupures carrées. Les dents elles-mêmes sont d'une formation excellente, toujours éblouissantes de blancheur ou d'un jaune clair; les nègres les soignent, du reste, beaucoup plus et mieux que les Européens, si bien civilisés; après chaque repas, alors même qu'il n'aurait bu que de l'eau, le nègre a l'habitude de se rincer la bouche et de se nettoyer les dents, soit avec un morceau de bois, soit simplement avec les doigts.

Les villages indigènes sont établis à l'ombre des palmiers, ou sous de grands baobabs, dans le voisinage d'un petit cours d'eau, s'ils ne sont pas situés sur les rives du Congo même. Les hauts plateaux sont habités comme les vallons et les plis de terrain. Un village compte une centaine de cabanes, établies par-ci par-là, sans aucun ordre; nous n'avons rencontré qu'une seule fois un village qui présentait quelque régularité dans sa construction. Le plus souvent, ces petites agglomérations sont entourées de plantations de manioc, d'arachides, de *madese* et de *woandu;* ces deux dernières plantes fournissent d'excellentes espèces de fèves; on rencontre aussi des cultures de bananiers, parfois d'une grande étendue.

Les cabanes (*tschimbek*) ont généralement deux places; elles sont souvent construites, fort proprement, de papyrus ou de loango; elles sont hautes de 2 mètres, largeur et longueur proportionnées, avec un toit dépassant largement la construction; à côté, il y a une halle ouverte sur le mur du fond, formé par le mur antérieur du tschimbek; là sont placés les fétiches et les pénates. Cette halle ouverte est le lieu de réunion habituel; c'est là que brûle le feu, c'est là que l'on fait la cuisine et que l'on prend les repas. L'entrée du tschimbek est formée par une sorte de fenêtre, pouvant être fermée, entourée de toutes sortes d'amulettes et percée à 1/2 mètre environ au-dessus du sol. L'intérieur contient peu de choses : pour le propriétaire, une couche, formée de baguettes de bambou, et quelques vases et ustensiles, généralement de provenance européenne. Les femmes ont quelquefois une place spéciale; mais là seulement où elles sont plus ou moins nombreuses.

Des armes indigènes, comme les couteaux et les arcs du haut Congo, ne se rencontrent plus ici; l'influence européenne les a fait disparaître. Le fusil à silex et un couteau de table ordinaire ou un couteau à découper avec ou sans gaîne, porté dans la ceinture, forment tout l'armement des hommes. Parfois on aperçoit entre les mains des enfants un petit arc et des flèches rappelant le temps jadis, comme, du reste, en bien des pays, le jeu des enfants n'est qu'une réminiscence des époques qui ont disparu depuis longtemps de la mémoire du peuple.

Des objets de ménage réellement originaux, si toutefois on peut appeler ainsi ces instruments, sont, entre autres, une pierre ronde et une pierre plate creusée par l'usage, ou un bloc en bois, pour écraser les graines oléagineuses de l'élaïs; ensuite, un tamis fait avec des brins d'herbes fines, pour passer le jus et en ôter les filaments. Pour écraser le maïs, on se sert d'un grand bloc de bois, espèce de mortier creusé jusqu'à 1/2 mètre de profondeur, dans lequel on broie les graines au moyen d'un morceau de bois qui a ordinairement la grosseur du bras. Le nettoyage de la farine ainsi obtenue se fait sur des vannettes, également très bien tissées d'herbes. En y ajoutant quelques pots et cruches de fabrication indigène, qui ont quelquefois des formes assez jolies, ressemblant aux urnes funéraires que l'on trouve dans les anciens tombeaux, on a l'ensemble des objets de ménage dont la femme nègre a besoin pour préparer les repas.

Je dois mentionner encore deux outils qui jouent un grand rôle dans la vie des nègres : la houe pour cultiver la terre et le cercle dont on s'aide pour grimper aux palmiers. La houe est très primitive, ressemblant à celle de nos ancêtres, comme nous la trouvons encore un peu partout chez les peuples en enfance. Au gros bout d'un morceau de racine d'arbre, on adapte un morceau de fer, et la houe est faite. Le fer tient très bien, car, par l'usage, il pénètre toujours davantage dans la racine, qui ne se fend pas comme le ferait le bois de l'arbre même.

Le cercle dont le nègre se sert pour grimper aux palmiers et recueillir le vin à leur cime, est de forme allongée et fait avec les fibres d'un bois très dur. L'indigène noue ce cercle sous ses bras, autour de son corps, de manière à conserver les jambes et les bras libres pour le travail. Se servant de ceux-ci, il grimpe en déplaçant, au fur et à mesure de la montée, le cercle, et arrive ainsi jusqu'au sommet des plus hauts palmiers. Là, il creuse un trou dans l'arbre au dessous des branches et y suspend sa bouteille, qu'il reprend le lendemain, remplie de jus.

On trouve partout de petites pipes pour fumer le chanvre, faites d'argile noircie, et de plus grandes, faites des fruits du baobab ou de la calebasse. L'usage de fumer le chanvre est très répandu : le nègre aspire la fumée enivrante de toute la force de ses poumons et l'avale ; bientôt après, une toux violente, convulsive, le prend ; comme la pipe fait le tour, passant de bouche en bouche, tous les assistants sont bientôt plus ou moins saisis de la toux, et c'est un spectacle extrêmement comique de voir toute une société accroupie par terre et toussant. Plus le blanc rit, plus la toux du noir augmente.

Quelques instruments de musique des plus primitifs aident le nègre à passer agréablement ses moments de *dolce far niente*. C'est d'abord un brin d'herbe tendu sur un arc ; on le touche au bas à l'aide d'un petit morceau de bois et il produit quelques modulations ; ensuite une petite boîte en bois, qui porte sur son côté supérieur quelques lames en fer tendues, formant, quand on les fait vibrer, une espèce de gamme.

La nourriture du nègre consiste en manioc chicoango (pâte faite avec de la farine de manioc qni s'est un peu aigrie), arachides, fèves, bananes, et en poisson indigène, séché et frit. Le nègre se contente souvent d'une quantité extrêmement minime de nourriture ; d'autres fois, il sait manger des portions énormes, sans craindre l'indigestion.

L'agriculture est la tâche des femmes; et bien que le travail soit simple, les champs montrent une distribution assez pratique. Cependant, quant à l'irrigation de ses champs, le nègre s'en soucie fort peu, bien qu'il connaisse toutes les misères des grandes famines ; mais son insouciance est telle que, pendant la période de sécheresse, il laisse souvent griller les plantes, là même où il a l'eau à sa portée. L'étendue des plantations, près de quelques villages, est assez importante, surtout les bois de bananes, les champs de manioc et de fève *woanda*, qui forment des bosquets.

Si les travaux aux champs sont la tâche de la femme, la réalisation des produits obtenus est celle des hommes, et journellement on voit arriver, de l'intérieur, des caravanes plus ou moins nombreuses et d'une longueur extrême.

Ces caravanes amènent la vie et le bruit dans les factoreries, où l'on échange, après des débats fort animés, les produits indigènes contre des marchandises de toute sorte : fusils, poudre, cotonnade, eau-de-vie, etc. Ces objets ne servent pas toujours à la consommation personnelle du marchand, mais sont transportés par lui aux marchés de l'intérieur, comme articles d'échange.

La pêche et la chasse sont aussi l'occupation des hommes. Une espèce de turbot est harponné dans les eaux basses au moyen de la lance ; pour d'autres espèces, les filets, les nasses et la ligne sont en usage. La chasse ne comprend guère que l'antilope, dont la chair est vendue dans les factoreries, qui l'achètent très volontiers, surtout pendant la période des jeunes herbes. L'hippopotame est rarement chassé par les nègres, d'abord parce que leurs armes sont impropres à cette chasse, ensuite parce que leur naturel timide manque du courage nécessaire à un sport aussi dangereux.

Une occupation assez analogue à la chasse, la piraterie, était très en vogue, il y a une dizaine d'années, parmi les indigènes du bas Congo ; son butin était principalement les grands canots à voiles des maisons de commerce. Ce sont beaucoup moins les représailles exercées par les blancs que l'apparition des bateaux à vapeur sur les eaux du Congo qui ont fait cesser cet état de choses.

CHAPITRE V

LES PRODUITS DU CONGO

PARMI les innombrables produits de tout genre que les régions traversées par le Congo offrent à l'activité de la race blanche, il convient de distinguer ceux qui sont déjà plus ou moins exploités et qui font l'objet d'un certain trafic, et ceux qui attendent l'exploitation. « Le Congo, a dit Stanley à Berlin, produit pour ainsi dire tout ce que réclament les besoins de l'Europe... Les dépôts d'or et d'argent y sont nombreux, les mines de cuivre et de fer y sont riches. On y voit de belles forêts qui produisent des bois d'une valeur inestimable, des quantités inépuisables de caoutchouc, des gommes, des épices précieuses ; on y cultive le poivre et le café ; on y voit des troupeaux innombrables de bétail, etc., etc. »

Nous commencerons notre étude — qui n'est, en somme,

qu'une sorte de mémorandum de renseignements — par les produits exploités, en les divisant en trois catégories, selon qu'ils appartiennent au règne animal, végétal ou minéral.

I. — *Productions animales.*

L'Ivoire [1]. — Les produits fournis à l'Europe par le règne animal en Afrique ne sont pas nombreux : l'ivoire, la cire, les peaux... C'est à peu près tout ; mais l'ivoire occupe sur le marché africain une place tellement grande, qu'on peut dire que, parmi les productions animales du monde entier, il en est peu qui soient l'objet d'un plus grand commerce, et la source de plus gros bénéfices.

Le prix du bel ivoire suit une progression croissante. Il n'est pas rare qu'une belle défense de choix atteigne, sur le marché de Londres, la somme de quinze cents francs. Aussi l'intérêt des chasseurs est il vivement aiguillonné, et le nombre des éléphants tués chaque année, très considérable. La statistique démontre que, pour fournir la masse d'ivoire que reçoit, à elle seule, l'Angleterre, il faut tuer tous les ans de 40,000 à 50,000 éléphants. Et quand on pense à l'énorme quantité qui s'en emploie en Chine, en Amérique et dans les Indes, on se dit qu'un pareil massacre doit fatalement amener un jour l'extermination de l'espèce.

(1) Burton : *Voyage aux grands lacs*, p. 701. — Livingstone : *Le Zambèse et ses affluents*, p. 225, et le *Dernier journal*, t. II, p. 99. — Le *Mouvement géographique*, 1884, p. 56 et 60.

Mais, lorsqu'on lit les relations des voyageurs qui ont parcouru l'Afrique centrale, depuis le Sénégal et le Soudan, au nord, jusqu'au Limpopo et au fleuve Orange, au sud, c'est là une crainte que l'on ne peut avoir que pour un avenir très éloigné. Le nombre d'éléphants qu'on y rencontre tient quelquefois du prodige.

« Un peu au delà du Ruo, dit Livingstone, commence le Nyaza Maukoulou, le grand marais aux éléphants. En se retirant dans ce marécage, ces animaux font preuve de leur sagacité habituelle, car il n'est pas de chasseur qui puisse les y atteindre. Lors de notre première visite, ils se laissaient approcher sans crainte ; notre vapeur traversa une de leurs bandes et quelques-uns furent tirés en passant.

« Aujourd'hui, ils se tiennent à distance du *Ma-Robert ;* il leur a suffi d'une leçon pour apprendre que le monstrueux souffleur devait être évité. Nous y avons compté d'une seule fois *huit cents* de ces animaux qui se trouvaient en vue [1]. »

On connaît la profonde véracité du célèbre voyageur ; on peut donc, quelque extraordinaire que paraisse le fait qu'il relate ici, le tenir pour rigoureusement vrai.

Nous ne savons si celui qui suit mérite tout à fait la même créance ; il est emprunté au voyageur français de Semellé, dont les notes de voyage ont été publiées par le *Figaro :*

« Les troupes d'éléphants, dit-il, sont parfois extrême-

(1) *Le Zambèse et ses affluents*, p. 92.

ment nombreuses. J'ai été témoin, sur le Benoué, d'un défilé qui commença à six heures du matin et ne fut terminé qu'à une heure de l'après-midi. J'évaluai le nombre d'éléphants qui passèrent à au moins 1,400 à 1,500 (1). »

La civilisation refoule peu à peu l'éléphant dans l'intérieur du continent. Il devient extrêmement rare dans le voisinage des établissements de la côte, où l'on rencontre à peine, de loin en loin, un individu isolé. L'an dernier, à ce que nous a raconté M. le Dr Chavanne, une troupe de trois éléphants, un mâle, une femelle et un petit, fut signalée dans l'île des Princes, en amont de Boma. Elle venait des forêts de la rive droite et avait traversé le Congo à la nage. La chasse lui fut donnée, et deux animaux restèrent la proie des chasseurs. Le troisième parvint à regagner la rive du fleuve et disparut. Cet événement fit du bruit à Boma, où depuis longtemps on n'avait plus vu d'éléphants.

Dans le haut Congo, au contraire, presque tous les agents signalent la présence du grand pachyderme jusqu'à la porte des stations. « Les éléphants sont nombreux dans le bassin du Rouki et de l'Ikélemba, » écrit M. le lieutenant Van Gèle, chef de l'Équateur (2). « Les éléphants abondent dans les environs, écrit M. le lieutenant Coquilhat, chef de la station des Bangala ; l'autre jour, nous avons donné la chasse à un individu qui avait pénétré jusque dans les jar-

(1) Supplément du *Figaro*, numéro du 14 décembre 1879.
(2) Le *Mouvement géographique*, 1884, p. 62, c. 1.

dins de la station. » Dans le voisinage des chutes Livingstone, entre Vivi et Manyanga, M. le capitaine Zboïnski a rencontré plus de trente individus. Le soir, ils descendaient en troupes boire au bord du fleuve.

Il est donc hors de doute qu'il faudra des siècles encore avant de voir s'éteindre l'espèce africaine. « Il existe une idée qui est assez répandue, dit Stanley, c'est qu'avant peu l'ivoire sera devenu si rare, qu'il n'existera plus qu'à l'état de curiosité. Pour moi, je suis assuré que plusieurs générations passeront avant que l'ivoire ait disparu. »

L'espèce indienne, à laquelle une chasse acharnée est faite depuis l'antiquité, ne fournit-elle pas tous les ans encore des centaines d'individus aux gouvernements des Indes et de l'Indo-Chine ?

Non seulement les défenses provenant de l'Afrique sont les plus nombreuses, mais elles sont aussi les plus recherchées. L'ivoire d'Afrique est plus dur que celui d'Asie, d'un grain plus serré, et les défenses sont, en général, plus grosses.

Zanzibar est le grand marché de la côte orientale, c'est peut-être la place où l'on trouve le plus volumineux ivoire du monde : opaque, doux, moelleux à travailler, et franc de fissures et de défauts. Le nombre moyen des défenses de grande taille qui se vendent annuellement dans l'île n'était pas moindre que 20,000, il y a quelques années. On peut dire que c'est Zanzibar qui draine, au point de vue de l'ivoire, toute la région orientale de l'Afrique comprise entre l'équateur, le Zambèse et le Congo. Mozambique, chef-lieu des possessions portugaises, n'en distrait qu'une faible partie. C'est pour ainsi dire le seul article dont les caravanes arabes qui poussent dans l'intérieur jusqu'à Nyangoué sur le Congo, et même au delà jusqu'au Lomani et à l'Arouhouimi, fassent un commerce légitime.

Les traitants recherchent six qualités dans l'ivoire : ils veulent que la dent soit blanche, pesante, polie, épaisse vers la pointe, légèrement incurvée, enfin, qu'elle soit marquée de lignes foncées, se dirigeant vers le petit bout. Tous les faits qui se rattachent à cet important commerce n'ont pas moins d'importance à Zanzibar et à Bombay que n'en a, en Angleterre, tout ce qui concerne le sucre, et en Amérique, le coton.

La côte occidentale d'Afrique fournit un ivoire moelleux, très recherché. On l'appelle dans le commerce *ivoire gris d'argent*. Exposé à l'air, il conserve sa blancheur et ne jaunit pas avec le temps, comme celui d'Asie et de la côte orientale.

C'est Kinsembo, village de la côte, situé entre Ambriz et Ambrizette, à 200 kilomètres au sud de l'embouchure du Congo, qui est le point le plus important du littoral pour les arrivages d'ivoire. Trois maisons européennes y ont des factoreries : deux anglaises et une française.

L'ivoire y est apporté de l'intérieur du continent par des

caravanes ou *chimbouck* de 100 à 150 noirs, chargés de 50 dents d'éléphants, rarement d'une moindre quantité, mais souvent de plus de 200 et même 300 défenses. M. Charles Jeannest, qui, pendant quatre années, a résidé à la côte d'Afrique — à Banana, à Ambrizette, à Kinsembo, à Ambriz, à Kintiniangulo — en qualité d'agent de la maison française Daumas-Béraud, a été à même de se mettre au courant de l'importance et des pratiques de la traite de l'ivoire dans les régions qui avoisinent l'embouchure du Congo, et il nous a donné sur cet objet, dans un volume édité l'an dernier [1], un intéressant chapitre, auquel nous faisons les emprunts suivants :

« C'est à l'époque des pluies que les caravanes arrivent le plus fréquemment, quelquefois plusieurs dans le même mois, et sans doute la raison en est que, pendant cette saison, les rivières étant toutes navigables, les noirs peuvent profiter de ces chemins naturels. Quand la nouvelle se répand dans les villages qu'une *chimbouck* d'ivoire est en route, tous les *linguisters* (courtiers noirs) de Kinsembo sont en mouvement ; les uns envoient leurs *muleks* (serviteurs) les plus intelligents ; les autres viennent chercher chez les blancs les bons de marchandises qu'ils ont en réserve et tous partent au-devant de la caravane, munis de ces présents, qu'ils destinent comme appâts aux *matouts* (chefs de la caravane). Ils vont fort loin dans l'intérieur, à Kimbala, et c'est à qui y arri-

[1] *Quatre années au Congo*, p. 55 à 63.

vera le premier pour obtenir la vente du plus grand nombre de dents possible. Malgré leur célérité, il leur arrive souvent d'être prévenus par les linguisters d'Ambrizette, et même de Mocoul, point situé au nord d'Ambrizette, tous aussi ardents au gain : c'est alors à qui décidera le matout à suivre tel ou tel sentier. Chacun vante la richesse de ses blancs, la quantité de poudre et de fusils qu'ils viennent de recevoir. Ils promettent monts et merveilles pour les prix qu'on leur donnera, et font des cadeaux. C'est, enfin, une véritable bataille. »

Kimbala est le grand marché de l'intérieur. Il est situé à 50 lieues dans les terres, au N.-E. d'Ambrizette. Les deux itinéraires que suivent les caravanes d'ivoire, venant, l'une, des régions centrales de l'est, l'autre, du pays de San Salvador et du Stanley-Pool, s'y réunissent. La dernière route est la plus importante.

« C'est le chef de la factorerie qui s'occupe du commerce de l'ivoire, dit M. Jeannest. Au fur et à mesure que les défenses arrivent, les linguisters les font déballer ; les marfouks les sondent, en présence du blanc, au moyen d'une longue tige de fer Une dent d'éléphant est creuse, en moyenne, jusqu'au tiers de sa longueur totale, et les coquins ne se font pas faute, bien souvent, d'y tasser de la terre mouillée pour en augmenter le poids.

« Les linguisters ont surveillé le pesage. Ils s'accroupissent autour de leur marchandise. Le blanc s'installe à sa table, fait ses calculs, dit son prix, et la discussion commence. Chaque dent a été examinée avec soin ; si elle est fendue, détériorée ou trop vieille, elle perd une bonne partie de sa valeur ; plus elle est droite, grosse et courte pour son poids et moins elle est creuse, plus elle est appréciée. Ce que beaucoup de personnes ne savent pas, c'est que toutes les défenses ne sont pas blanches. Au contraire, la plupart sont extérieurement d'un noir d'ébène et le plus souvent brunes ou jaunes ; la couleur n'a aucune importance, l'intérieur étant toujours blanc.

« Le prix que le blanc a donné n'est jamais accepté d'emblée. Il faut disputer le terrain pied à pied et souvent pendant des heures entières. Si le pesage a soulevé quelques difficultés, l'achat, lui, est un véritable combat de patience, de ténacité, d'habileté et de diplomatie.

« Les unités de mesure diffèrent complètement de celles employées pour les autres produits. Elles se composent du fusil, de la poudre et de la pièce. Je suppose que je vienne d'acheter une dent de 25 kilog. Je l'ai payée 23 fusils, 46 barils de poudre et 46 pièces de cotonnade, chaque fusil entraînant 2 barils et 2 pièces. La grande affaire est donc de tomber d'accord sur les fusils. Malgré cela, il arrive souvent qu'on est obligé d'accorder un baril ou une pièce de plus que le nombre de fusils convenu ne le comporte, car le linguister ne cède pas tant qu'il lui reste une ressource pour obtenir davantage. Le prix une fois arrêté, la dent ne vous appartient pas encore : il faut faire un cadeau dont l'importance est discutée comme le reste. Il arrive souvent que le linguister, le trouvant insuffisant, retire sa dent. Mais une fois qu'il a dit : *Viokessa*, rien ne saurait la lui faire rendre. Cette règle est absolue; sans cela, jamais les blancs n'en sortiraient. »

On remarquera les articles d'échange dont parle plus spécialement l'auteur : fusils, poudre et cotonnade. Ce sont les seuls qui ont cours dans l'intérieur et qui, par conséquent, sont acceptés des nègres. Une factorerie serait bondée de marchandises, qu'elle ne parviendrait pas à acheter une seule défense, si les susdits articles lui faisaient défaut. Les pièces sont de coton écru ou de guinée; elles mesurent 48 yards. Les « bagatelles » qui servent à parfaire la somme donnée en fusils, poudre et coton, à payer le cadeau du matout ou la commission du linguister, sont du tafia, des bonnets rouges, des chapeaux, des bouteilles vides, des verres, des assiettes, des cuvettes, des pots, des pipes en bois, du laiton, etc., etc.

« C'est quand les linguisters débattent les prix avec les noirs de l'intérieur qu'il est intéressant de les observer : intelligents, rusés, voleurs, menteurs, ils savent, au besoin, ne rien gagner sur une dent, mais en général parviennent, tout en faisant de gros bénéfices, à persuader aux pauvres matouts qu'ils n'ont rien conservé pour eux.

« C'est pendant le séjour d'une grande caravane qu'une factorerie est curieuse à voir. Le village des blancs est inondé de noirs ; les cours sont envahies ; tout ce monde cause, crie, hurle, se dispute, se bat. Les krouboys jettent hors des magasins les caisses de fusils, sur lesquelles retentissent aussitôt les coups de marteau du charpentier. D'autres serviteurs roulent d'énormes balles de tissus dont le forgeron fait sauter les cercles. Partout règne une animation, une agitation extraordinaire. Pendant que d'un magasin un blanc fait sortir continuellement des caisses de genièvre, des marchandises de toutes sortes, des bouteilles de tafia, un autre paye la poudre; les barils roulent par 6, 10, 20.

« Les réclamations se croisent en tous sens; les linguisters viennent vous chercher jusque dans vos chambres. Pour déjeuner, il faut se barricader et faire garder les portes ; et c'est au milieu de ce pêle-mêle, de ce vacarme, que vivent les blancs pendant quinze jours, obligés de veiller à tout, de surveiller, toujours sur le qui-vive, exposés aux vols, ayant à peine le temps de reposer. Il n'est pas rare que, la caravane partie, une bonne fièvre vous empoigne et vous mette sur le flanc pendant un mois.

« Mais, quoi qu'il en soit, ce commerce, ces arrivages de caravanes ont tant de charmes, qu'une chimbouck est à peine partie, que les blancs en attendent une nouvelle avec une impatience fébrile. On peut estimer, en moyenne, à 100 tonnes et environ 5,000 ou 6,000 défenses de toutes grandeurs, l'exportation d'ivoire de la côte depuis le Congo jusqu'à Ambriz, et cela pendant l'espace d'une année. C'est la partie de toute la côte occidentale d'Afrique qui produit le plus.

« J'ai acheté, une fois, en huit jours, 1,800 kilog., soit 97 défenses. »

Si maintenant l'on considère que les nègres qui apportent ainsi, en caravane, l'ivoire à la côte ont généralement, comme le dit M. Jeannest (p. 55), « deux mois et même quatre mois de marche », le temps qu'ils perdent, la peine qu'ils se donnent et les risques qu'ils courent dans ce long voyage à travers des tribus où la guerre règne à l'état permanent, on peut se rendre compte de l'utilité qu'il y a à créer dans ce pays des voies de communication et du bénéfice considérable qu'il y a à en tirer.

En Europe, c'est Londres qui est le marché principal. Son importation annuelle est d'environ 550 tonnes, qui ont pour lieux de provenance :

Egypte	180	tonnes.
Côte orientale d'Afrique et Bombay	160	—
Côte occidentale	140	—
Cap de Bonne-Espérance . . .	50	—
Mozambique	20	—

Le tableau suivant donne le détail de l'ivoire importé dans les îles Britanniques de 1856 à 1863 :

1856 . . .	493	tonnes valant	liv. st.	343,517
1857 . . .	494	—	—	421,318
1858 . . .	614	—	—	410,608
A reporter.	1,601			1,175,443

Reports.	1,601		1,175,443
1859 . . .	541	tonnes val. liv. st.	336,147
1860 . . .	542	— —	332,166
1861 . . .	558	— —	297,491
1862 . . .	580	— —	262,962
1863 . . .	464	— —	256,059
	4,286		2,660,268 (1)

Moyenne pour chaque année : 535 tonnes, valant 332,533 livres sterling, soit plus de 8 millions de francs.

Le prix des belles défenses africaines variait, il y a une dizaine d'années, de 39 à 72 livres sterling.

En 1867, le prix de ces dents variait de	39 à 42	liv. st.	(de 975 à 1,050 fr.)
En 1870, — — —	41 à 44	—	(de 1,025 à 1,100 »)
En 1872, — — —	58 à 61	—	(de 1,450 à 1,525 »)
En 1873, — — —	68 à 72	—	(de 1,700 à 1,800 »)
En 1874, — — —	53 à 58	—	(de 1,337 à 1,450 »)

L'industrie primitive des nègres fait de l'ivoire une foule d'objets : trompes de guerre, bracelets, pilons à broyer le manioc et les herbes, maillets à battre l'écorce pour en faire de l'étoffe, coins, ornements, etc., etc. « Près du confluent de l'Arouhouimi, écrit Stanley, un de mes gens vint me dire que dans le village principal, il y avait un *meskiti* (petit temple) d'ivoire et que, dans toutes les maisons, l'ivoire était aussi abondant que le bois de chauffage.

(1) Dans ce chiffre est compris celui de l'importation des dents de morse et d'hippopotame ; il est à peine de 10 à 12 tonnes par année.

L'instant d'après, j'étais devant le meskiti : un simple toit circulaire, supporté par trente-trois dents d'éléphants et servant d'abri à une idole en bois de 1m25 de hauteur, peinte en rouge vif... [1]. »

Le même voyageur a révélé le 21 novembre 1884, devant la commission technique de la Conférence de Berlin, qu'en ce moment, il y avait au Stanley-Pool un approvisionnement de plus de 3,000 défenses d'éléphant à vendre [2]. Un fait analogue se présente dans les provinces méridionales de l'ancien Soudan égyptien, qu'arrosent les affluents du Bahr-el-Gazal (Nil) et de l'Ouellé (Congo). Lupton-Bey, qui en est le gouverneur depuis 1881 — et dont les renseignements ont été publiés dans le *Bulletin de la Société de géographie de Londres*, — déclarait, il y a quelque temps, qu'il possédait dans ses *zarebas* une provision de 2,500 quintaux d'ivoire — 125 tonnes — représentant une valeur d'un million et demi de francs.

De son côté, le capitaine Hanssens, lors de son exploration du haut Congo, a constaté que les deux articles principaux des grands marchés qui se tiennent le long de la rive septentrionale du fleuve, sont l'ivoire et les esclaves [3].

Pour le moment, le précieux produit n'a, dans l'intérieur, qu'une valeur relative, faute de débouchés. Mais viennent le chemin de fer du bas Congo et le service organisé des

(1) *A travers le continent mystérieux*, t. II, p. 273.
(2) *Déclaration de M. H.-M. Stanley devant la commission technique de la Conférence africaine*, p. 9.
(3) *Le Mouvement géographique*, 1884, p. 67, c. 2.

steamers sur le haut Congo, et le grand fleuve deviendra la voie commerciale qui amènera aux entrepôts de Léopoldville, de Boma et de Banana, l'ivoire et toutes les autres richesses naturelles du bassin.

« Un chemin de fer jusqu'au Stanley-Pool — a dit à la Conférence de Berlin le délégué hollandais M. de Bloeme, ancien administrateur général des factoreries de Rotterdam au Congo — sera un grand bienfait pour le commerce, non pas tant pour le présent, mais surtout pour l'avenir. Le commerce deviendra très important. L'ivoire de l'intérieur non seulement se vendra au Stanley-Pool, mais descendra en partie vers les factoreries de la côte. Entre le Stanley-Pool et la côte, il y a des tribus qui ne vivent pour ainsi dire que du commerce de l'ivoire. Les nègres du Zombo (1) iront, aussi bien que les blancs, acheter de l'ivoire au Stanley-Pool et ils viendront le vendre à la côte. Si le stock d'ivoire diminue par la suite, ces noirs seront forcés de se procurer d'autres produits naturels, de cultiver la terre et de faire des plantations d'arachides et d'autres plantes, parce qu'ils se seront habitués aux objets manufacturés de l'Europe. Cela amènera un accroissement considérable de commerce (2). »

(1) Le *Zombo* est le haut plateau qui sépare les affluents de la rive gauche du bas Congo des affluents de gauche du Koango inférieur. On y a constaté des altitudes de 700 et de 760 mètres. Les habitants de cette région sont très commerçants : ils font avec la côte de Kisembo et d'Ambrizette un trafic considérable.

(2) *Déclaration de M. A. de Bloeme devant la commission technique de la Conference africaine*, p. 7.

II. — *Productions végétales.*

Le palmier élaïs et l'huile de palme. — L'arachide. — Le sésame. — Le ricin. — Le caoutchouc. — Les bois de teinture. — Le copal. — L'orseille. — Le camwood. — Les arbres fruitiers.

Parmi les productions végétales dont trafiquent les indigènes du bas Congo, nous citerons les graines et l'huile de palme, les amandes et l'huile d'arachide, le sésame, le ricin, le caoutchouc, les gommes, le copal, l'orseille, les bois de teinture, sans parler du manioc et du maïs, qui constituent, au Congo, deux des bases principales de l'alimentation. Disons quelques mots des principaux d'entre eux.

L'élaïs (1). — L'élaïs est un palmier aussi beau qu'utile. Il croit à profusion, sans culture, dans tout le bassin du Congo, depuis la côte jusqu'au Tanganîka. L'huile de palme, qui fait l'objet d'un trafic si considérable dans toute la région entre le Niger et le Congo, est tirée de son fruit. Ces fruits sont suspendus en grappes énormes qui rappellent les régimes des dattiers. Livingstone en a rencontré sur les bords du lac Tanganîka qui demandaient deux hommes pour être transportés. Un palmier peut donner par an une vingtaine de grappes, ce qui représente, rendu sur les mar-

(1) *A travers l'Afrique*, p. 523. — Livingstone : *Dernier journal*, t. III, p. 223 et 302. — Bainier : *L'Afrique*, p. 608. — Burton : *Voyage aux grands lacs de l'Afrique orientale*, p. 407 et 598.

Le palmier élaïs.

chés de l'Europe, un produit de 25 à 30 francs. Dans le pays, la valeur n'est que de moitié. Les amandes sont écrasées, puis soumises à l'ébullition. Après le refroidissement, l'huile est recueillie dans de grands pots de terre. Les indigènes viennent la vendre dans les factoreries ; ils l'emploient aussi dans leur cuisine. Elle a la consistance du beurre. Elle est fort abondante dans le Congo inférieur et moyen. Au marché d'Oudjiji aussi, il arrive souvent que plus de mille litres sont mis en vente dans une seule matinée. L'emploi de l'huile de palme pour la fabrication des savons et des bougies devient, en Europe, de plus en plus considérable. L'élaïs n'est l'objet d'aucune culture, mais sa force de propagation naturelle est telle que certaines régions en sont envahies. La production actuelle est de 70 millions de kilogrammes, et peut-être accrue presque indéfiniment (1).

De la sève du même palmier, les riverains du Congo obtiennent une liqueur enivrante très agréable à boire. Le chou de l'élaïs, cru ou cuit, est un excellent manger; des feuilles de l'arbre les noirs tissent des étoffes, font des chapeaux, des nattes et des paniers.

L'arachide. — L'arachide est une légumineuse qui présente ce phénomène remarquable que son fruit, après s'être formé à l'air, se recourbe vers le sol, s'y enfonce et achève son développement à huit ou dix centimètres sous terre. C'est une sorte d'amande qui a le goût de la noisette.

(1) M. Daumas : *Exposé sur le présent et l'avenir de l'Afrique centrale*, p. 8.

Elle est cultivée dans une grande partie de l'Afrique. Les Arabes de l'Est comme les indigènes du centre et de l'Ouest emploient son fruit dans la confection de différents mets très nutritifs et très délicats, mais sa principale valeur réside dans l'huile que l'on en tire. Au bas Congo, on en trouve d'importantes plantations, exploitées par les indigènes, qui viennent échanger les amandes dans les factoreries. Aucune arachide n'est plus estimée que celle du Congo. Elle donne un rendement qui varie de 40 à 45 p. c..

Sur les tables, cette huile remplace très bien l'huile d'olive, et les parfumeurs, ainsi que les savonniers, l'emploient avantageusement. Le grand port d'importation de ce produit est Marseille, où l'huile d'arachide sert, sur une vaste échelle, à la falsification de l'huile d'olive.

Les amandes palmistes, les huiles de palme et les amandes d'arachide constituent, à l'heure actuelle, le principal objet de trafic au Congo; elles entrent pour plus de 70 p. c. dans le total des exportations. C'est ainsi que la maison hollandaise qui, en 1883, a exporté du Congo à Rotterdam 9,414 tonnes de marchandises diverses (voir le détail au chapitre *Commerce*), compte dans ce chiffre :

Amandes de palme	3,310	tonnes.
Huile de palme	1,758	—
Amandes d'arachide	1,887	—
Ensemble. . .	6,955	tonnes [1].

(1) Rapport de la Chambre de commerce de Rotterdam, 1883, p. 49.

Le sésame. — Autre plante oléagineuse, cultivée en Orient depuis la plus haute antiquité et dont l'huile est employée, à la fois, comme aliment, médicament et cosmétique. Dans le bassin du Nil, les femmes en boivent chaque jour, afin d'arriver à cet embonpoint qui est le plus haut degré de beauté chez une femme. Au Congo, ses graines sont achetées aux indigènes qui les apportent dans les factoreries. Elles servent aussi à la fabrication de l'huile de table.

Celle-ci brûle avec une flamme très éclairante et produit du savon d'une odeur agréable et avec un fort rendement. Les tourteaux servent, dans de bonnes conditions, à la nourriture des bestiaux.

Le ricin. — Le ricin pousse à l'état sauvage dans une grande partie de l'Afrique, où il atteint jusqu'à six mètres de hauteur. Il est cultivé dans quelques parties. Au Congo, le port de Banana a déjà recueilli et exporté quelques tonnes d'huile extraite de ses graines.

Le caoutchouc. — Avec l'ivoire, l'huile de palme et les graines oléagineuses, le caoutchouc est l'un des produits principaux de la côte au nord du Congo. On en fait trafic dans toutes les factoreries. Il provient d'une sorte de liane d'une excessive longueur, qui croît spontanément dans toute la région. L'écorce en est rugueuse et d'une couleur tirant sur le brun. Les feuilles sont rares, larges, d'un vert foncé et découpés en fer de lance. Une forte tige a souvent de 10 à 15 centimètres de diamètre à la base.

Cette liane donne de magnifiques bouquets de fleurs blanches d'un parfum délicieux; à la fleur succède un fruit du volume et de la couleur d'une orange qui renferme des noyaux entourés d'une pulpe rafraîchissante, dont les indigènes sont très friands.

« Tout le pays aux environs, écrit M. du Chaillu des bords de l'Ogooué, est, à la lettre, couvert de vignes à caoutchouc. Il y a là d'immenses récoltes à faire, et cela sans se donner de peine ; il ne s'agit que d'apprendre aux indigènes à extraire le caoutchouc sans détruire les vignes et sans les gâter par ces mélanges impurs qui les déprécient. A voir ces espaces infinis couverts de vignes, c'ést, comme on dit, à en faire venir l'eau à la bouche. Il y a là des trésors que le commerce ne tardera pas sans doute à exploiter; alors, nous pourrons voir, je l'espère, la civilisation prendre pied chez ces pauvres noirs et leur faire faire quelques progrès [1]. »

Les indigènes, hommes et femmes, vont en troupe recueillir le caoutchouc dans la forêt. Pour l'obtenir, ils pratiquent une incision dans l'écorce et en expriment une espèce de lait, en ayant soin de ne pas entamer l'intérieur même de la plante, car elle a un suc particulier qui, mêlé au caoutchouc, ne manquerait pas de le gâter. Le soir, la troupe rentre, cha-

(1) *Voyages et aventures dans l'Afrique centrale*, p. 202 et 247.

cun portant les petites jarres de lait récolté pendant le jour; puis ils le versent dans des cylindres de bois, où ils le laissent se congeler.

Il en provient aussi, en grande quantité, de la région centrale, d'où elle est apportée à la côte par les caravanes d'ivoire venant du Koango. « La gomme, dit M. Jeannest, nous arrive sous forme de boulettes noires ou blanches, ayant un peu l'aspect des truffes; les boulettes blanches sont les plus estimées. Ambriz et Loanda en font un grand commerce [1]. »

Bois de teinture. — Nous avons décrit, en commençant cette étude, la forêt africaine des bords du bas Congo et cité les principaux de ses arbres de haute futaie. On trouve parmi eux de nombreuses variétés de bois durs, les uns rouges ou noirs, les autres bruns ou jaunes, tous susceptibles d'être façonnés et la plupart destinés, sans aucun doute, à acquérir une véritable valeur commerciale, quand cette région sera définitivement ouverte à l'exploitation des blancs. Déjà l'un de ces arbres est l'objet d'un certain trafic : c'est le *tavoula* ou arbre à bois de teinture rouge. Il est très répandu dans la forêt de la côte occidentale. C'est un bel arbre, gros, élevé, très branchu à son sommet et dont le tronc est revêtu d'une belle écorce lisse de teinte rougeâtre. Le bois rouge du commerce est la partie cen-

(1) *Quatre années au Congo*, p. 78.

trale ou le cœur du tronc [1]. On en exporte chaque année de Banana un certain nombre de tonnes.

Le copal. — Parmi les produits du Congo mentionnés dans le *Rapport de la chambre de commerce de Rotterdam 1883*, nous trouvons encore le copal, qui figure parmi les produits importés de Banana pour 54 tonnes.

L'arbre à copal est le *trachylobium* des savants; il appartient à la grande famille des légumineuses. C'est un arbre de haute taille, s'élevant parfois jusqu'à 10 mètres au-dessus du sol. Son tronc, d'un blanc jaunâtre, ressort sur le fond vert de la végétation épaisse des forêts ou sur le fond brun des jungles desséchées; son bois est jaune.

Burton, qui a consacré au copal et à l'arbre qui le produit quelques pages bien étudiées, dans l'appendice de son beau livre [2], dit que l'arbre à copal est très commun le long de la côte du Zanguebar, où son produit fait l'objet d'un trafic considérable avec Bombay et Hambourg, mais qu'il disparaît au delà du versant occidental de la chaîne côtière et qu'il n'est pas connu dans l'intérieur. Les explorations suivantes sont venues contredire ce renseignement.

Livingstone, Stanley et Cameron nous ont donné la preuve que l'habitat de l'arbre à copal s'étend dans le haut plateau africain. Stanley l'a rencontré dans les forêts de

(1) Du Chaillu : *Voyages et aventures*, p. 200.
(2) *Voyage aux grands lacs de l'Afrique orientale*, p. 695-701.

l'Oukahouendi ([1]) et Cameron nous rapporte que les Arabes ont trouvé sa gomme semi-fossile au centre du continent, en creusant des citernes ([2]). Quant à Livingstone, il écrit les lignes suivantes, du bassin du lac Bangouélo (source du Congo) ([3]) :

20 février 1867. — L'arbre à copal, taraudé par une larve, exsude, de branches qui ne sont pas plus grosses que le bras, des masses de gomme d'un jaune brunâtre ou d'un gris clair, d'un aspect gluant, peu consistantes, et en assez grande quantité pour en emplir une assiette à soupe. L'émission ne paraît avoir lieu que pendant la saison pluvieuse; actuellement, tous les arbres sont pleins de sève et de gomme. (P. 214.)

17 novembre. — La marche tout entière s'est faite dans une forêt de belle venue, principalement composée d'arbres à copal et à étoffe. Le copal suinte, pendant ou après la saison pluvieuse, de trous d'un quart de pouce d'ouverture, faits par un insecte. Il tombe, et, avec le temps, s'enfonce dans la terre, où il reste en dépôt pour les générations futures. (P. 266.)

Cameron signale encore la présence de l'arbre au delà du Loualaba, au sud-ouest de Nyangoué : « Nous arrivâmes chez Roussoûna le 29, dit-il, après avoir traversé un pays excessivement fertile, où le *mpasou*, l'arbre à copal, le chêne

(1) *Comment j'ai retrouvé Livingstone*, p. 412.
(2) *A travers l'Afrique*, p. 525.
(3) *Dernier journal*, t. I, p. 214 et 266.

africain, le teck et autres essences précieuses étaient en grand nombre (1). »

Enfin, dans ses dernières expéditions sur le haut Congo, en qualité d'explorateur de l'Association internationale, Stanley a trouvé le long du fleuve d'immenses forêts d'arbres à copal et de véritables mines destinées à faire un jour la fortune de leurs exploitants.

On a longtemps ignoré exactement l'origine de la résine copale, si largement employée dans la fabrication des vernis. On a cru d'abord que ce produit venait du Mexique. Puis, le marché de Calcutta en exportant de grandes quantités, on a supposé qu'il arrivait de l'Inde. Ce n'est que dans ces dernières années que l'on a su finalement que le copal était apporté à Calcutta par des trafiquants arabes, qui allaient le chercher à Mascate, dans le golfe Persique, où ils le recevaient de navires venant de la côte orientale d'Afrique et de Madagascar.

Le commerçant européen n'a pas tardé à supprimer ces inutiles intermédiaires et à retirer de cette suppression d'énormes profits. Des agents allemands, établis à Zanzibar, expédient chaque année à Hambourg des quantités considérables de copal, provenant de fouilles opérées dans la zone maritime, principalement entre les embouchures du Pangani, du Roufidji et jusqu'à Quiloa. Suivant le colonel Hamerton, on exportait annuellement de Zanzibar, il y a quelque vingt ans, pour l'Europe et les Indes de 400,000 à

(1) *A travers l'Afrique*, p. 291.

600,000 kilogrammes de copal. Sur ce chiffre, 75,000 kilogrammes allaient à Hambourg.

Le copal offre une foule de nuances et de particularités, connues seulement des personnes qui en font une étude sérieuse, étude qui exige, comme l'ivoire, des années d'observation attentive. La meilleure sorte est claire et à demi transparente; viennent ensuite les variétés sans nombre qui arrivent, par des degrés insensibles, du blanc terne au rouge sans éclat, en passant par toutes les nuances du citron, du jaune ambré, du jaune de rhubarbe et du rouge brillant.

Les morceaux de copal varient aussi à l'infini comme poids, depuis quelques grains jusqu'à deux ou trois onces; on en a connu de cinq livres, et l'on a assuré, à Burton, qu'il en existait à Salem un bloc de 17 kilogrammes.

Les agents de l'Association du Congo recueillent à chaque instant des morceaux de copal, en général assez petits et de couleur jaune rougeâtre, provenant de fouilles ou de trouvailles faites par les indigènes des environs des stations; mais aucune exploitation régulière n'a jamais été étudiée, ni tentée. Il faut quelques années encore pour que ce produit donne, au Congo, tout ce qu'il promet.

L'orseille. — La découverte des couleurs d'aniline a fait perdre de son importance à la fabrication de l'orseille. On sait que ce produit — une matière colorant en rouge, poudre et violet, employée pour la teinture des laines et des soies — est extrait d'une espèce de lichen qui croît en

Afrique et en Amérique. A la côte orientale, la meilleure sorte vient au nord et au sud de Zanzibar, qui en fait un commerce assez important. C'est Marseille qui achète principalement ce produit.

On en reçoit aussi, depuis quelques années, en Angleterre, en Allemagne, en France et en Hollande, une certaine quantité de Banana. En 1883, ce port en a envoyé quinze tonnes à Rotterdam.

La poudre de camwood. — Stanley a cité parmi les produits indigènes de l'Afrique centrale, susceptibles de provoquer les recherches et le travail des nègres, la poudre de camwood [1].

Le camwood est un arbuste à feuilles pennées, alternes et lancéolées, qui mesure d'ordinaire 1^{m}50 de hauteur; son bois est finement veiné dans la partie supérieure du tronc, où les veines sont pressées, et plus largement dans la partie basse. Les indigènes extraient de son écorce une magnifique poudre rouge, que les trafiquants de la côte commencent à rechercher.

Livingstone signale sa présence dans la région du Congo supérieur, entre les lacs Tanganika et Bangouélo. « Le camwood, dit-il, appelé ici *molomboua*, est extrêmement abondant. Les gens du pays en prennent l'écorce, la font bouillir et la pulvérisent avec soin; ils ont alors une poudre fine d'un cramoisi splendide, qu'ils mettent en grosses boules et

(1) *Déclaration de M. Stanley devant la commission technique de la Conférence africaine*, p. 9.

qui porte le nom de *Mkola*. Simplement décoratif, ce produit est largement employé; on en saupoudre les vêtements d'écorce et l'on en barbouille la coiffure [1]. »

Les arbres fruitiers. — Le bas Congo est riche aussi en arbres fruitiers de tout genre.

Le *bananier*, qui est commun à toutes les contrées tropicales et qui, dans l'ancien comme dans le nouveau monde, nourrit des millions d'individus, est un arbre précieux entre tous, car il rend aux indigènes des services multiples. Il en existe cinq espèces différentes ; le fruit des uns se mange cru ; celui des autres, cuit. Sa sève constitue une sorte de vin liquoreux, qui, fraîchement recueilli, est extrêmement agréable ; un peu fermenté, il est très recherché des nègres, en raison de la promptitude de son effet enivrant. La feuille du bananier sert à façonner la toiture des *tchimbuks* indigènes. De vastes plantations de bananiers se rencontrent près de chaque village. Les agents des factoreries et des stations de l'Association en ont établi partout. A Léopoldville, M. Teusz, en a planté plus de 8,000 qui sont actuellement en plein rapport. Au bout de dix mois, ils avaient atteint une hauteur de 3 mètres et donnaient des fruits en abondance [2]. Le bananier arrive en deux ans son maximum de croissance.

Le *manguier* rivalise avec le bananier pour la beauté de

(1) *Dernier journal*, t. I, p. 212.
(1) *Les cultures à Léopoldville*. (Le *Mouvement géographique*, 1884, p. 82, c. 2.)

son port. Il atteint 6 à 7 mètres de hauteur et son feuillage léger lui donne un aspect tout particulier. Il produit en abondance un fruit vert rouge assez semblable à la pêche d'Europe, mais avec une chair plus ferme. Un arbre donne en moyenne 400 kilog. de fruits, dont on peut faire 70 litres d'une eau-de-vie excellente. A la factorerie hollandaise de Vista, dirigée par M. Cremer, où l'on projette l'établissement d'une petite distillerie, on peut voir une admirable plantation de plus de 2,000 manguiers en plein rapport et dont les allées bien alignées constituent une des plus charmantes promenades que l'on puisse voir. Le manguier a été introduit par M. Teusz dans les jardins de Léopoldville.

A côté de ces deux arbres fruitiers, on trouve encore dans les jardins du bas Congo : le *cœur de bœuf*, espèce de grande orange verte et dure, extrêmement juteuse ; la *pomme cannelle*, dont le fruit ressemble à la grenade ; le *papayer*, qui produit une sorte de petit melon jaune ; le *maracouja* ou arbre à confiture, dont le produit ressemble à un gros melon vert blanc, allongé comme un grand concombre ; enfin, le *citronnier sauvage*, l'*oranger*, différentes espèces de *goyaves*, l'*ananas*, plus petit que l'espèce européenne, qui croît à l'état sauvage et dont les agents de l'Association ont rencontré des champs entiers aussi bien dans le bassin du Kouilou que dans les environs du Stanley-Pool. La majeure partie de ces arbres fruitiers, plantés dans les jardins de Léopoldville, ont déjà donné des récoltes.

Plantation de bananiers.

III. — *Productions minérales.*

Fer. — Cuivre. — Or. — Plomb. — Cinabre.

Les richesses que recèlent les entrailles de la terre africaine paraissent aussi abondantes et variées que celles qui la recouvrent. Des mines de fer, de cuivre, de plomb sont exploitées dans un certain nombre de districts ; la présence de l'or a été signalée dans d'autres, notamment au Katannga et sur le Congo inférieur ; le cinabre se trouve en grande quantité dans l'Ouroua ; le sel forme un article important du commerce intérieur dans l'Ouvinza, le Manyéma, l'Oussambé, etc. ; enfin le Zambèse traverse un bassin houiller immense.

Le fer. — Parmi les minéraux que renferme le sol de l'Afrique, le fer semble jusqu'ici tenir la première place. Tous les explorateurs signalent à chaque instant sa présence, ainsi que celle de nombreuses forges en activité.

Il est ouvré dans la partie nord-ouest de l'Ounyanyembé, d'où on l'exporte dans toutes les directions.

D'après Cameron, dans le Manyéma et dans l'Ouroua, il y a, en quantité considérable, un beau minerai séculaire, qui donne un fer très estimé [1]. Dans un grand nombre de

(1) *A travers l'Afrique*, p. 525.

gros villages de cette contrée, Livingstone a vu beaucoup de forges en activité [1].

Dans le Kibokoué, dit Cameron, le minerai est tiré du lit des cours d'eau, où il se présente sous forme de nodules [2].

Entre les lacs Nyassa et Bangouélo, il est l'objet d'un très grand travail. « Les gens que nous trouvons au nord du Manndo, dit Livingstone, sont des Mannganyas ; leur village est une bourgade de forgerons. Le bruit incessant des marteaux annonce un travail très actif... Le fer, extrait d'une hématite jaune qui abonde dans le pays, est de très bonne qualité... Il faut que l'industrie du fer soit, dans le pays, excessivement ancienne ; on ne fait pas un quart de mille sans trouver des scories, des tuyaux calcinés, des fragments de fourneaux cuits par le feu et devenus de la brique [3]. »

Sur les bords du Congo même, Stanley a trouvé à chaque instant des témoignages nombreux de l'ardeur et même de la perfection avec lesquelles les indigènes travaillent le fer. Ils en font des couteaux, des marteaux, des hachettes, des pinces, des enclumes, des tarières, des flèches, des hameçons, des baguettes, des pointes, d'énormes fers de lances, des dagues, des poinçons, des épingles à cheveux, des bracelets, des perles, des clochettes, des houes, des plantoirs, etc. L'énumération de tant d'objets divers, tous façonnés en fer, prouvent que certains peuplades des bords du Congo

(1) *Dernier Journal*, t. II, p. 123.
(2) *A travers l'Afrique*, p. 518 et 526.
(3) *Dernier Journal*, t. I, p. 157, 161.

sont plus avancés dans l'industrie qu'on ne le croit en général (1).

Le minerai de fer se trouve aussi en quantité considérable dans le pays qui s'étend entre le Congo et l'Ogooué. Il s'y exploite à la surface du sol ; on ne creuse pas de mines ; on recueille seulement à fleur de terre. « Les Fans, notamment, nous rapporte M. Du Chaillu, sont très habiles dans la fabrication du fer. Comme forgerons, ils surpassent de beaucoup toutes les tribus de la région (2). »

Sur les rives du bas Congo, des indices de gisements ont été constatés par les agents de l'Association, à Banana, à Boma, à Sadika-Banzi, à Vivi, à Tchoumbou, à Issanghila, etc.

Le cuivre. — Sur différents points de l'Afrique centrale les indigènes exploitent un certain nombre de mines de cuivre. On a des données certaines sur quelques-unes d'entre elles, grâce à l'observation directe ; pour d'autres, qui n'ont pas encore été visitées par les explorateurs, on n'a que des renseignements vagues, fournis par les trafiquants arabes ou indigènes.

Ainsi Livingstone, lors de son dernier voyage dans le bassin du Congo supérieur, doit avoir souvent entendu parler des mines de cuivre du Katannga, car il y revient à diverses pages de son journal :

(1) *A travers le Continent mystérieux*, t. II, p. 228 et 286.
(2) *L'Afrique équatoriale*, p. 167.

« A Katannga, dit-il, la malachite s'ébranle au moyen du feu; puis elle est enlevée à la pioche de quatre collines; quatre *manehs* de minerai donnent un *maneh* de cuivre... » La croix est en usage à Katannga; c'est la forme, que de temps immémorial on y donne aux lingots de cuivre, lingots qui portent le nom de *hanndiplé mahandi* et qui se voient très communément. Les grandes barres de même métal qu'on appelle *vigheras*, barres du poids de 30 à 35 kilogrammes, qui, sous la forme d'un I majuscule, se rencontrent dans tout le centre le l'Afrique, sont de la même provenance (1). » L'ouvrage de Cameron complète ces renseignements et donne, page 227, un dessin de ces lingots de cuivre ou *hannda*, façonnés sous forme de croix de Saint-André.

Sur le bas Congo, à quelque distance de chacune de ses rives, se trouvent d'autres mines de cuivre, exploitées. « Les Portugais, dit M. Jeannest, possèdent, à un mois de marche dans l'intérieur du Bembé, (2) une mine de cuivre extrêmement importante; le minerai du carbonate de cuivre ou malachite y est abondant et très riche. Cette malachite est belle, bien veinée, mais ne vaut pas cependant les magnifiques blocs que l'on extrait des monts Oural (3). »

Il en est d'autres, au nord du Congo, exploitées par les indigènes et qui abondent en magnifique minerai de cuivre

(1) *Dernier journal*, t. II, p. 8 et 218.
(2) Bembe est situé au sud de San Salvador, à la latitude d'Ambrizette.
(3) *Quatre années au Congo*, p. 271.

et de plomb. M. Destrain, agent de l'Association, les a visitées l'année dernière.

« C'était un jour de travail, écrit-il à la date du 18 octobre 1884 et environ 300 mineurs étaient occupés, tous étaient armés. A notre approche, le travail cessa, et les ouvriers s'avancèrent à ma rencontre, mais sans faire aucune démonstration hostile. En reconnaissant les rois qui nous accompagnaient et sur notre demande, ils reprirent leur besogne.

« L'excavation formée par le travail d'extraction, qui dure depuis nombre d'années déjà, n'a que 60 mètres de longueur, sur 30 de largeur et 10 de profondeur. A part quelques grands couteaux dits *machètes*, ces malheureux mineurs n'ont pas d'outils. Ils emploient, pour creuser leurs trous, des morceaux de bois dur, appointés par le bout et durci au feu. Ils ont cependant du minerai de fer en abondance dans leurs environs, mais, chose bizarre, ils ne pensent pas à l'utiliser.

« Voici comment il est procédé à l'extraction du minerai: Des trous circulaires d'un mètre environ de diamètre sont creusés au fond de la mine, à l'aide des bois appointés et jusqu'à hauteur d'homme. Lorsque le sol est trop dur, ils y jettent de l'eau pour le ramollir. Les terres de déblais sont transportées au dehors dans de petits paniers que se passent les hommes formant la chaîne sur la pente conduisant au fond de la mine. Lorsque les mineurs arrivent à une couche de malachite, ils la brisent avec de grosses pierres et en recueillent les morceaux. Le sol paraît très riche en minerai; on en a extrait beaucoup en notre présence...

« Le lendemain, les indigènes nous ont montré la façon dont ils fabriquaient le cuivre, au moyen de leurs fourneaux primitifs. » Le voyageur entre ici dans de longs et intéressants détails que les bornes restreintes de ce livre nous obligent à laisser de côté. « J'ai recueilli ainsi, ajoute M. Destrain, des bracelets et des barres en cuivre rouge, et des lingots de plomb. La rivière, dont le courant charrie des parcelles de malachite grosses comme un œuf de pigeon, doit contenir bien d'autres richesses dans son lit. »

Or. — Depuis les premiers temps de la découverte du Congo, la présence de l'or y avait été signalée aux Portugais, et si l'on en croit les anciens historiens, diverses tentatives avaient même été faites par eux pour s'emparer de mines, dont la position, dans l'intérieur de la province, leur avait été vaguement indiquée. Les conquérants n'ayant jamais apporté à l'exploration de leurs prétendues possessions une bien grande activité, nous ne savons pas encore aujourd'hui si les renseignements fournis par les anciens auteurs sont exacts ou non.

Quoi qu'il en soit, Livingstone et Cameron parlent de l'or du Katannga. « Hamed Ibu Hamed, dit Cameron, m'a montré une calebasse d'une contenance d'une pinte, remplie de grains d'or variant de la grosseur d'une chevrotine à celle du bout de mon petit doigt. Je lui demandai d'où lui venaient ces pépites; il me répondit qu'elles avaient été trouvées au Katannga, par quelques-uns de ces esclaves qui nettoyaient un puisard et qui les lui avaient apportées, pensant qu'elles pourraient servir de balles [1]. »

D'autre part, une lettre particulière nous a annoncé que la présence de quartz aurifère venait d'être constatée sur les bords mêmes du Congo.

A ces métaux précieux ajoutons le **plomb,** dont M. Destrain a acheté des lingots fabriqués par les indigènes au nord du Congo [2], et le **cinabre,** dont Cameron signale la présence, en grande quantité, dans l'Ouroua, près de la capitale de Kassonngo [3].

(1) *A travers l'Afrique*, p. 526.
(2) Voir page 84.
(3) *A travers l'Afrique*, p. 526.

CHAPITRE VI

LES CULTURES

Le café. — Le coton. — Le riz. — Le cacao. — L'indigo. — Le tabac. — Le poivre. — Le muscadier. — La canne à sucre. — Le cocotier. — Le baobab. — Les potagers.

Le meilleur moyen d'assurer la prospérité d'une contrée consiste à savoir quelles sont les propriétés du sol et les cultures qui lui conviennent le mieux. Que valent actuellement cent hectares de terrains vierges le long du Congo ?... Quelle n'en serait pas la valeur s'ils étaient couverts de plantations de café, de cacao, de coton, d'arachides, de tabac, d'indigo, de ricin, de riz ou de cocotiers ?...

Dans le chapitre précédent, nous avons passé en revue les divers produits qui sont apportés par les indigènes aux factoreries du bas Congo et exportés de là en Europe. A côté de ces produits, il en est d'autres, plus nombreux et non moins importants, qui pourraient faire aussi, dans un avenir plus ou moins prochain, l'objet d'un trafic étendu et largement rémunérateur. Examinons ici quelles sont les plantes dont l'exploitation est possible au Congo, quelles sont celles qui y donneraient les meilleurs résultats.

Le café. — Le caféier croît à l'état sauvage au Congo, comme, du reste, dans une grande partie de l'Afrique. M. Destrain, chef de la station de Stéphanieville, en a rencontré, à différentes reprises, dans ses voyages entre Vivi et le Kouilou, et M. Glaive, chef de la station de Loukoléla, a découvert, dans les environs de ce village, de vastes espaces couverts de caféiers sauvages (1). Stanley aussi a signalé sa présence en divers endroits, et n'en compte pas moins de cinq espèces différentes.

Les nègres du Congo, ignorant quelle source de fortune leur offre la culture de cet arbrisseau, n'ont jamais songé à s'en préoccuper; mais que l'Européen leur en donne l'exemple, et ils s'adonneront à cette exploitation, aussi bien qu'à celle de l'arachide, du caoutchouc ou de l'huile de palme. Signalons toutefois ici l'exception notée par Livingstone dans son *Dernier Journal* (2) : D'après lui, le café est cultivé chez les Bakouss des rives de Lomani. « Le café ordi-

(1) Le *Mouvement géographique*, 1884, p. 57, col. 3.
(2) Tome II, page 144.

naire est commun chez eux, dit-il; ils en font usage et le parfument largement avec de la vanille, qui doit être fertilisé par des insectes. A la fin du repas, ils font circuler des coupes remplies de cette infusion. »

La culture du café est l'une des plus productives, et celui qui conseille de planter du café rend aux travailleurs un immense service.

Le caféier est un arbuste d'environ deux mètres de haut. Dans une terre bien appropriée, un pied peut produire jusqu'à 12 livres de fèves par an. Il faut moins d'un hectare de terrain pour en planter mille, qui seront d'un produit annuel d'au moins 2,500 francs.

La culture du café est des plus faciles. Des femmes, des vieillards, des enfants, des estropiés même la peuvent faire. Le plant est de ceux qui résistent le plus longtemps, selon le climat et la qualité de la terre, et il y a des exemples de plantations de café qui ont donné des produits durant quatre-vingts ans. Un père a donc là un véritable trésor pour ses enfants.

Les contrées couvertes de forêts vierges sont les meilleures pour la plantation du caféier. La terre y est meuble et légère et contient ce qu'il faut d'humidité pour que la végétation s'accomplisse dans de bonnes conditions. Les graines se plantent à une distance de 2^{m}60 l'une de l'autre, en lignes droites, du levant au couchant. Comme les jeunes plants de caféier réclament de l'ombre, on sème entre eux du ricin, dont la plantureuse végétation est une protection, en même temps que les graines sont un excellent rapport. A la fin de la troisième année, le caféier peut se passer de la protection des plantes de ricin, parce qu'il est alors assez robuste pour résister à la chaleur. Il a atteint alors 1m50 à 1m75 de hauteur, et il entre en pleine croissance. Il donne ses premiers fruits et, dès la quatrième année, il en est chargé.

Un ouvrier peut facilement soigner mille pieds de caféier, et un bon travailleur en peut cultiver jusqu'à deux mille, sans que ses autres travaux en souffrent.

On sait que la principale richesse agricole du Brésil réside actuellement dans ses plantations de café. Ces immenses plantations ont fourni à l'exportation de l'empire, en 1880, 214 millions de kilogrammes valant plus de 300 millions de francs, c'est-à-dire plus de la moitié des exportations générales du Brésil. L'année dernière, le port de Rio de Janeiro a exporté pour 215 millions de francs et, dans ce chiffre, le café seul est représenté pour la somme de 206 millions. L'expansion extraordinaire de l'exportation du café du Brésil démontre combien cette culture est rémunératrice : en 1877, 171 millions de kilogrammes; en 1878, 182; en 1879, 212; en 1880, 214; en 1881, 263.

Aux Indes néerlandaises aussi, le café, introduit dès 1719, par le gouverneur Zwardecroon, est devenu la principale source du revenu de la colonie. On sait que la Hollande possède à Java et à Sumatra des cultures gouvernementales. Le produit du café gouvernemental, vendu à Amsterdam en 1883-1884, s'est élevé à 51 millions de kilogrammes, valant 63 millions de francs. A côté des cultures gouvernementales, il y a de nombreuses cultures privées, en pleine prospérité.

Dans la République noire de Libéria (côte occidentale d'Afrique), le café semble aussi devoir être l'une des sources principales de la fortune. Le caféier y croît dans les terrains humides, sous forme de véritables arbres. Il produit une fève très grosse et fort estimée aux États-Unis, où Libéria fait déjà des exportations considérables, luttant contre la concurrence du Brésil et des Antilles. Des boutures de caféier de Libéria, cultivées à Gand, dans l'établissement horticole de Van Houtte, ont été vendues à très haut prix au Brésil (1).

L'extrait suivant d'une lettre adressée au *Temps*, de Paris, par M. Ed. Cotteau, prouve que le café de Libéria est également apprécié aux Indes orientales, en même temps qu'il donne d'intéressants détails sur la grande plantation de Bukit-Timah :

« L'excursion la plus intéressante que j'aie faite, dit-il, est celle de Bukit-Timah, district qui occupe à peu près le centre de l'île de Singapore. Un Bordelais, M. Chasseriau, possède là une propriété de 1,300 hectares, dont la moitié, en plein rapport, est cultivée en manioc et en café de Libéria.

(1) Colonel Wauwermans : *Libéria*, p. 76.

Cette plantation, sur laquelle travaillent un millier de coolies chinois, malais et indiens, est tenue avec un soin infini : c'est un jardin et un superbe jardin.

« Le café de Libéria est en grande vogue en ce moment. L'arbuste, d'un port élégant, croît avec une rapidité merveilleuse; il fleurit et fructifie d'une façon luxuriante; en trois ans, il est en plein rapport. Alors ses branches disparaissent littéralement sous une multitude de fruits, deux ou trois fois plus gros que ceux du café d'Arabie. La culture de cette belle variété de café a été introduite tout récemment en Malaisie. Son succès est manifeste. D'après les calculs les plus modérés, M. Chasseriau compte sur un produit net de 500 dollars (2,300 francs) par hectare. »

« Les caféiers, implantés au Gabon par le Rév. J.-L. Wilson, il y a quinze ans, sont aujourd'hui d'un grand rapport; ceux qui avoisinent le terrain de la mission sont particulièrement chargés de fèves, et je ne doute pas que d'autres végétaux précieux des tropiques ne réussissent également, quoique n'étant pas indigènes, si seulement on veut prendre la peine de leur appliquer le genre de culture qu'ils demandent (1). »

Au Gabon encore, la maison Woermann, de Hambourg, qui a installé près de Libreville une factorerie, intelligemment dirigée par un agronome renommé, M. le Dr Soyaux,

(1) Du Chaillu : *Afrique équatoriale*, 1863, p. 26.

a fait, il y a quelques années, un premier essai de culture de café; il a magnifiquement réussi. Déjà de belles récoltes ont été obtenues. La maison hollandaise, de Rotterdam, dont le siège est à Banana, a, de son côté, commencé la culture, à sa factorerie de Vista.

Au Congo proprement dit, c'est-à-dire dans les factoreries ou les stations situées le long du fleuve, aucun essai n'a été fait jusqu'ici, si ce n'est à Léopoldville, où M. Teusz, agronome allemand de l'Association, a planté l'année dernière 361 plants, qui viennent magnifiquement. M. le Dr Chavanne, qui vient de repartir pour l'Afrique, en qualité d'agent de la maison De Roubaix d'Anvers, tentera sous peu un premier essai à Boma, sur une échelle importante et avec de jeunes plants provenant de l'île portugaise de San Thomé.

Au sud du Congo, dans la province portugaise de l'Angola, le café fait l'objet de cultures (1). C'est Ambriz qui est le principal port d'expédition. M. C.-F. Van Delen-Laerne, qui vient d'adresser au gouvernement néerlandais un important rapport sur la production du café dans le monde entier, publie la statistique des exportations de café africain. Voici le tableau des transports *directs* de café d'Angola qui ont été faits de Banana à Rotterdam, pendant ces dix dernières années. Les renseignements ont été fournis

(1) Jeannest : *Quatre années au Congo*, p. 47. — Bainier : *L'Afrique*, p. 609.

à l'auteur, par le chef de la *Nieuwe Afrikaansche Handels-Vennootschap* (1) :

Années	1874	1875	1876	1877	1878	1879
Nombre de balles	2,945	2,467	5,855	3,974	5,104	12,278

Années	1880	1881	1882	1883	1884
Nombre de balles	6,776	5,690	14,268	24,421	23,510

Ces données et cette marche progressive permettent de prévoir ce que l'on pourrait faire maintenant au Congo, si des cultures de café y étaient introduites et habilement dirigées et exploitées.

Le coton. De même que le café, le coton croît à l'état sauvage dans presque toute l'Afrique équatoriale (2). Il trouve dans ces contrées presque vierges toutes les conditions géologiques et atmosphériques de son développement. Dans un certain nombre de districts, il est cultivé. Livingstone et Burton ont donné sur l'industrie cotonnière dans la région du Chiré et dans celle qui s'étend à l'est du lac Tanganîka, de nombreux et intéressants détails. Mais tel qu'il y est cultivé aujourd'hui, ce coton à demi sauvage est de qualité à ne pas fournir une étoffe sauvage.

« Sur toute la rive du Tanganîka, dit Livingstone, le coton est largement cultivé : c'est l'espèce de Fernambouc; les semences adhèrent entre elles ; mais la soie est longue

(1) Voir le *Bulletin du Musée commercial de Bruxelles*, 1885, p. 983.
(2) Du Chaillu : *Voyages et aventures dans l'Afrique équatoriale*, p. 26.
(3) Cameron : *A travers l'Afrique*, p. 523.

et forte; on en fait dans le pays une étoffe grossière qui est le vêtement général (1).

« Le cotonnier, dit Burton, croît spontanément dans les régions les plus fertiles de l'est de l'Afrique, aussi bien que dans la partie de l'Occident. Les échantillons de coton envoyés de Port-Natal et d'Angola font supposer que par la culture on pourra, dans ces deux endroits, obtenir un produit qui, pour la pesanteur, la finesse et la solidité, égalera le coton ordinaire du nouveau monde. Un jour viendra où ces terres, aujourd'hui couvertes de forêts primitives ou écrasées d'herbe et de roseaux, porteront des moissons égales aux récoltes célèbres de l'Algérie, de l'Harrar et de l'Abyssinie (2). »

Livingstone n'est pas moins enthousiaste en ce qui concerne la vallée du Chiré. Cette partie de l'Afrique est pour lui l'une de celles qui conviennent le mieux au cotonnier, tant sous le rapport du sol que sous celui du climat. Aussi le travail du coton est-il, dans les districts que traverse la rivière, une chose commune. Chaque famille paraît avoir sa petite cotonnerie. Cette culture, bien dirigée, commencerait une ère nouvelle pour la contrée, qui surpasse en étendue la partie cotonnière des États-Unis et que l'on peut regarder, en toute confiance, comme l'une des plus belles du globe (3). »

(1) *Dernier journal de Livingstone*, t. II, p. 281.
(2) *Voyage aux grands lacs de l'Afrique orientale*, p. 710.
(3) *Le Zambèse*, p. 106, 326 et 542.

La présence du cotonnier sauvage a été signalée sur la rive droite du Congo par M. Destrain, agent à Stéphanieville. Il n'y est pas cultivé et jamais, jusqu'ici, aucun essai de culture n'a été tenté.

M. Du Chaillu l'a rencontré sur les bords de l'Ogooué. « Derrière chaque village, dit-il, il y a de grandes plantations, cultivées avec beaucoup de soin, où le tabac, l'arachide, la banane, l'igname et la canne à sucre croissent en quantité considérable, dans une terre assez fertile pour que l'homme ne connaisse jamais le fléau de la disette; enfin, on y voit, çà et là, des buissons de coton sauvage (1). »

Le riz. — Le riz n'est l'objet d'aucune culture au Congo. Ce fait démontre que, bien que la civilisation et le commerce aient pris pied à l'embouchure du fleuve depuis près de trente ans, aucun effort n'y a encore sérieusement été fait pour essayer de tirer parti de la fertilité et de la nature particulière du sol, et des ressources que l'agriculture peut offrir à l'alimentation du personnel blanc et noir et des factoreries. Le riz forme au Congo, comme, du reste, dans une grande partie des pays chauds, la base de la nourriture des travailleurs. Un engagé nègre reçoit journellement, au Congo, un demi-kilo de riz. L'énorme quantité qu'on en consomme actuellement dans les stations et les factoreries, où le nombre de serviteurs commence à devenir considé-

(1) *L'Afrique équatoriale*, p. 465.

rable [1], est importé à Banana par les navires anglais et hollandais.

Cependant il est prouvé que le riz viendrait à merveille dans ces parages, si on voulait l'y introduire et s'adonner à sa culture dans les conditions hygiéniques les plus favorables et en se servant de l'expérience acquise aux Indes et en Chine.

On sait, en effet, que les Arabes, en arrivant, en 1840, dans l'Oudjiji, y établirent des rizières. Le sol de cette province est d'une telle fertilité que le riz y atteignit plus de deux mètres et demi de hauteur, joignant à une végétation exubérante une qualité parfaite [2].

Livingstone a trouvé du riz dans le Manyéma. C'étaient également les trafiquants arabes qui l'y avaient introduit. « Mohammed, dit-il, a semé du riz autour du camp, sans avoir le bénéfice du voisinage d'un cours d'eau, et il a recueilli cent vingt mesures pour une. » Et plus loin : « Le riz qui a été semé le 19 octobre était en épi soixante-dix jours après [3]. »

(1) « Le nombre des Européens a suivi une progression analogue à celle du trafic; il a quintuplé depuis 1877, en même temps que les conditions sanitaires s'amélioraient. Quand Stanley déboucha, en 1877, à Boma, il y trouva 19 Européens, dont un Belge ; il y en a maintenant 40. Entre Boma et Vivi, il y en avait 4 ; on en compte actuellement 63. Leur nombre total sur le bas Congo est de 163; il s'en rencontre 70 sur le haut Congo ; c'est un groupe de 233 personnes.» (Banning.)

Au commencement de cette année, le personnel noir de l'Association comptait environ 2,000 hommes ; 800 indigènes étaient engagés pour le service du *Stanley*. Les factoreries de Banana avaient un personnel de 1,200 noirs.

(2) Burton : *Voyage aux grands lacs*, p. 405.

(3) *Dernier journal*, t. II, p. 77 et 103.

4

Enfin, une lettre récente de M. le lieutenant Wissmann, chef de l'expédition du Kassaï, relate ce fait intéressant, que le riz semé par le Dr Pogge sur les bords de la Louloua, à la résidence du chef Moukengé, avait abondamment produit ; que les rizières s'étaient largement développées et que le riz était devenu, dans le district, un des aliments favoris des indigènes (1).

Le cacaoyer. — Encore un arbre précieux dont il est permis d'espérer beaucoup. Il est cultivé sur une assez vaste échelle dans l'île Saint-Thomas, et quelques essais ont été faits le long de la côte, au nord du Congo. Les cacaoyers plantés dans les jardins de la mission catholique de Landana ont bien réussi et ont donné une bonne récolte. Un nouvel essai est fait en ce moment à la factorerie hollandaise de Vista.

L'indigotier. — L'indigotier pousse à l'état sauvage dans une grande partie de l'Afrique. Stanley l'a rencontré dans le bassin oriental du Tanganîka (2) et Livingstone sur les bords du Nyassa et du Zambèse. « Nous avons vu, dit Livingstone, l'indigotier couvrir de vastes terrains. Nous avons trouvé sur les bords du Nyassa une variété dont la gousse était droite au lieu d'être incurvée comme dans l'espèce des rives du Zambèse. Du reste, dans les deux endroits,

(1) *L'expédition du lieutenant Wissmann.* (Le *Mouvement géographique,* 1885, p. 34, c. 1.)
(2) *Comment j'ai retrouvé Livingstone,* p. 413.

la plante s'élève à hauteur d'homme. Voulant s'assurer de la valeur qu'elle pouvait avoir, le Dr Kirk a extrait la matière colorante de l'indigotier sauvage de Choupanga (Zambèse inférieur); cet indigotier, quand on l'a égratigné, a montré la trace cuivreuse, qui caractérise la meilleure sorte du commerce (1). »

Au Congo, la présence du précieux arbuste n'a pas encore été constatée; mais il n'y a pas le moindre doute à avoir sur les résultats qu'y donnerait sa culture attentive.

Le tabac. — Le tabac est cultivé dans presque toute l'Afrique (2). Il est, en différents lieux, d'excellente qualité. Livingstone signale celui des Batoka comme étant tout à fait supérieure.

« La feuille de celui de l'Oudjiji, dit Cameron, est lisse et soyeuse, comme celle des meilleurs plants de Cuba. Les caravanes d'ivoire apportent le tabac aux factoreries, soit en tresses longues de plusieurs mètres, soit en feuilles. »

Dans tout le territoire situé entre l'Ogooué et le Congo, le tabac est largement cultivé dans presque tous les villages, qui sont extrêmement nombreux.

« Les villages sont tellement éparpillés dans la plaine, dit M. Du Chaillu, que je n'ai pu me rendre compte de leur nombre; mais il doit y en avoir de 150 à 200... Derrière

(1) *Le Zambèse et ses affluents*, p. 541.

(2) Cameron : *A travers l'Afrique*, p. 524. — Jeannest : *Quatre années au Congo*, p. 77.

chaque village, il y a de grandes plantations, cultivées avec soin, où le tabac, l'arachide, la banane, l'igname et la canne à sucre croissent en quantités considérables (1). »

De son côté, M. Destrain écrit des bords de la Loudima, affluent du Kouilou supérieur :

« Le pays présente un aspect riant et pittoresque ; végétation des plus luxuriantes ; beaux et nombreux bois, principalement composés de palmiers et de bananiers, derrière lesquels se cachent des plantations soignées et productives de pois *ouvando*, de manioc, d'arachides, de tabac, etc. Les villages sont riches en moutons, chèvres, porcs, poules. Le village de Bouddi, situé au centre de l'important territoire de N'Soudi-Bouadi, est très peuplé ; il compte environ cent cabanes ; les villages environnants en ont autant. »

Au Congo, la factorerie hollandaise de Boma a commencé la culture du tabac, dans l'île de N'kété, située au milieu du fleuve.

Le poivre. — Le poivre est commun à Nyangoué : poivre ordinaire, poivre noir. Le piment, gros et petit, se rencontre partout. Dans le Manyéma et l'Ouroua, il y a un poivre tellement fort, que les Arabes, qui mangent le piment à pleines mains, n'y goûtent pas. Le fruit en est rouge, de forme ronde et de la grosseur d'une bille d'enfant.

Le muscadier. — La muscade sauvage se trouve

(1) *L'Afrique équatoriale*, p. 465.

dans l'Ousoui, au nord de l'Ounyamouési : elle y est en assez grande quantité pour que les caravanes l'apportent dans cette dernière province. Burton en a vu un échantillon qui était lourd, d'une bonne odeur et présentait une supériorité réelle sur le produit de Zanzibar (1).

Le muscadier croît aussi à l'état sauvage sur la côte occidentale, dans la province d'Angola. Livingstone signale sa présence au cœur du continent, dans le Katannta, sur les rives du Lofou, affluent du Tanganîka méridional. Il y a trouvé un muscadier chargé de fruits. Le fait lui a paru curieux, car son carnet de voyage mentionne en deux endroits différents : « Qui a planté le muscadier du Katannta (2) ? »

Même observation de la part de Cameron, qui a rencontré des muscadiers à Mouza, sur la rive du Tanganîka, et à Roussouna. « A un endroit, dit-il (près de Roussouna, au sud-ouest de Nyangoué), nous avons rencontré un massif de muscadiers ; sur une longueur de 40 à 50 pas, le sol était littéralement couvert de muscades (3). »

L'espèce africaine est différente de celle que l'on cultive aux Moluques, où, on le sait, la muscade est l'objet d'un trafic important.

La canne à sucre. — La canne à sucre pousse spontanément dans certaines parties de la zone maritime et dans le voisinage des lacs et des rivières.

(1) *Voyages aux grands lacs*, p. 504.
(2) *Dernier journal*, t. II, p. 295.
(3) *A travers l'Afrique*, p. 291.

Dans l'Afrique orientale, elle n'est pas exploitée par les indigènes. « Même dans les endroits où elle est le plus commune, dit Burton, ils se contentent de la mâcher; il ne leur vient pas à l'esprit d'en extraire le sirop. Le sucre, pourtant, les attire comme des mouches; ils le trouvent délicieux, battent des mains avec transport quand ils en aperçoivent, l'achètent son pesant d'ivoire; et s'il en tombe une pincée devant eux, ils avalent une once de terre, plutôt que d'en laisser perdre un atome [1]. »

Il en est autrement dans l'Afrique occidentale. M. Du Chaillu signale les grandes plantations de cannes à sucre, cultivées avec beaucoup de soin par les noirs de l'Ogooué [2].

Aucun essai de culture ne se voit le long du bas Congo. La première tentative a été faite l'an dernier au Stanley-Pool, par M. Teusz, agronome attaché à la station de Léopoldville. Elle a donné immédiatement des résultats pleins de promesses [3].

Le cocotier. — Les côtes de l'Afrique équatoriale abondent en cocotiers. Par la quantité de leurs fruits, ils donnent lieu, en bien des points, à un trafic considérable. A Zanzibar, notamment, les noix de coco constituent l'une des branches principales du commerce de l'île. La factorerie allemande de M. C. Woermann, au Gabon, possède égale-

(1) *Voyage aux grands lacs*, p. 601.
(2) *L'Afrique équatoriale*, p. 465.
(3) *Le Mouvement géographique*, 1884, p. 82, c. 3.

ment de magnifiques plantations, comptant des milliers de cocotiers en plein rapport. L'huile que l'on extrait de la noix de coco possède des qualités spéciales qui la rendent précieuse pour la savonnerie.

Jusqu'ici, au Congo, on ne trouve le cocotier que comme arbre d'ornement, aux factoreries de Banana.

Le baobab. — Le baobab apparaît le long du Congo, au delà de Ponta da Lenha. On sait que le géant des forêts africaines atteint des proportions colossales, phénoménales. « L'un d'eux, situé sur la route d'Ambriz à Kinkoll, dit M. Jeannest, mesure $21^{m}25$ de circonférence. » Dans la cour d'une des factoreries de Landana, il existe un vieil arbre, dont 17 nègres, se tenant par la main, parviennent à peine à entourer le tronc. Livingstone a rencontré des troncs de baobabs, creusés par le temps, et dans lesquels 20 ou 30 hommes pouvaient se tenir [1].

Son bois tendre et spongieux s'entaille avec une grande facilité; son écorce épaisse et flexible est peu adhérente au tronc. Coupée avec un couteau, elle se déchire sous forme de longs et larges rubans. Les naturels en font des cordes, séparent les filaments, qu'ils utilisent pour tisser des étoffes, ou bien encore les vendent aux factoreries.

C'est depuis peu seulement que l'industrie européenne a songé à utiliser l'écorce du baobab. Ce produit, très prisé en

(1) *Exploration dans l'Afrique australe*, p. 167.

Angleterre, y sert à la confection de certains papiers. C'est un des articles d'exportation des factoreries d'Ambriz, qui expédient cette écorce par balles de 100 kilog. Elle se vend à Liverpool, de 200 à 275 francs la tonne. « Ce commerce, dit M. Jeannest, prend chaque jour une plus grande extension [1]. »

Les potagers. — Dans les jardins qui entourent les villages, les indigènes du Congo, en dehors de l'arachide et du sésame, cultivent peu de chose; on y trouve du manioc, des haricots, des patates douces, du maïs, des oignons, une sorte de cresson.

« Cela vient sans effort, presque sans soin. Tout le travail agricole des indigènes, dit Livingstone, se borne, à peu de chose près, à gratter la terre et à couper les racines de l'herbe par un mouvement horizontal de la houe. Ils laissent le maïs, la patate, le sorgho et le reste plonger leurs racines dans le sol meuble et fertile, qui n'a pas besoin d'un labour profond pour donner de beaux produits. L'arachide et la cassave tiennent bon pendant des années contre l'herbe; et si les bananiers reçoivent un sarclage, ils donnent une récolte abondante [2]. »

Dans les petits jardins des factoreries, des cultures de tous les légumes d'Europe ont été tentées : on a obtenu de très bons résultats, si pas la première, tout au moins la seconde

(1) *Quatre années au Congo*, p. 267.
(2) *Dernier journal*, t. II, p. 77.

année, avec les choux, la betterave, la carotte, la laitue, la tomate, les oignons, l'ail, les haricots, le chou-fleur, la rave, le radis, l'épinard, le concombre et le cornichon. La pomme de terre plantée à Léopoldville a donné deux récoltes en un an « On pourrait même en obtenir trois, dit M. Teusz, tant la terre est fertile autour du pool. »

A Karéma, sur le lac Tanganîka, le lieutenant Storms, chef de la station, a fait de très importants essais de cultures légumières, dont les résultats sont consignés dans le rapport suivant (1) :

« Dès mon arrivée à Karéma, — c'était à la saison sèche, — je me suis occupé de la culture des légumes européens dont j'avais emporté les semences avec moi. Au bout d'un certain temps, j'avais jardiné une quarantaine de plates-bandes, couvertes de toits de paille, élevés à un mètre au-dessus du sol; ce moyen ne m'a guère réussi, malgré des arrosages abondants et journaliers. Il est vrai que j'avais eu à combattre les sauterelles, qui font irruption à cette époque de l'année, et que presque tous les jeunes plants avaient été dévorés au fur et à mesure qu'ils sortaient de terre.

« J'ai recommencé et voici les résultats obtenus :

« La *laitue* est ici le légume par excellence. Elle pousse à souhait en toute saison et donne de la semence. Je l'apprécie d'autant plus que je suis arrivé à fabriquer, à la station, de l'huile d'arachide et du vinaigre de banane.

(1) *Le potager de Karéma.* (Le *Mouvement géographique* 1884, p. 74, c. 3.)

« J'ai obtenu assez de *choux-raves* pour en nourrir cinquante personnes pendant plusieurs mois. Malheureusement, pas de semences, pas plus que celles de *choux rouges*, *verts* et *blancs*. Les *betteraves*, les *navets* et les *carottes* ne m'en ont pas rendu non plus.

« Les *fèves* et les *haricots* de toute espèce viennent très bien. On donnera la préférence aux produits non ramés. Les tiges des *fèves de marais* n'atteignent qu'une petite hauteur; résultat : beaucoup de fleurs, mais pas de fruits. Les *pois* poussent passablement. J'ai constaté, à leur sujet, un fait bizarre : un parc de pois, qui promettaient plus que les autres par leur magnifique verdure, n'a pas donné une seule fleur. J'en ignore la cause.

« Ma première récolte de *pommes de terre* ne m'a rendu que la semence. J'attends avec curiosité le résultat de mes nouvelles cultures. Au commencement de mon séjour ici, j'accordai une importance capitale à la culture de la pomme de terre, mais depuis que je connais et que j'apprécie les tubercules du *nguoumbou* et de l'*helmias*, je lui accorde une attention moindre.

« Par contre, on devra donner une extension très grande à la culture de l'*oignon;* sous ce climat, on éprouve, en quelque sorte, le besoin d'en manger. Les semences que j'avais apportées d'Europe ne m'ont rien donné; je m'en suis procuré alors à Tabora et j'ai obtenu une réussite complète. La *ciboule* aussi vient à foison.

« Je n'ai pas réussi avec l'*oseille*, ni avec les *épinards*. Il y a, du reste, dans le pays un produit sauvage qui s'en rapproche beaucoup par le goût. Le *pourpier*, à peine sorti de terre, a monté en graines ; il en existe aussi un produit sauvage, qui n'est pas mauvais.

« Chose curieuse, les *salsifis*, au lieu de me donner de grosses racines, ne m'ont fourni qu'une quantité de filaments. Ils n'étaient bons à rien. Rien non plus des *asperges* ; faute d'en connaître la culture, probablement. J'ai, par contre, des plants d'*artichauts* bien venus ; seulement, comme ce légume ne produit qu'au bout de la seconde année, je ne puis encore assurer le succès complet.

« Les *radis* et les *raiforts* poussent admirablement, mais ne donnent pas de semences. J'en ai obtenu à Momparra, en pleine saison sèche. Les *concombres* et tous les produits à pépins réussissent généralement, mais surtout les gros fruits, tels que les *melons* et les *courges*. Les *cornichons* ont peu donné.

« Les *tomates* ont très bien réussi. Coupées en tranches et arrangées en salade avec une mayonnaise, elles constituent un plat fort rafraîchissant et très apprécié de mes hommes.

« Quant au *froment* que j'ai semé, il est bien venu, mais seulement grâce à des soins constants. Il faut arroser journellement et à grandes eaux. C'est le procédé arabe ; cette année, je vais semer deux mois avant la fin de la masika (saison des pluies). Je pense que le moyen me réussira mieux. Dans le cas contraire, je reviendrai au système précédent : j'établirai une pompe Norton au point le plus élevé, et j'irriguerai.

« Des expériences relatives à d'autres cultures restent à faire. Ainsi je voudrais essayer la culture du bon *tabac* (Havane, Richmond, Virginie), qui ne manquerait pas de réussir ; celle du *houblon* et celle de l'*orge*.

« Je voudrais aussi tenter d'acclimater la *vigne*, — qui a beaucoup de chance de réussite, puisque nous en avons ici une espèce sauvage, — le *framboisier*, le *groseillier*, en un mot, tous les petits fruits tant estimés en Europe. J'ai déjà essayé la culture de la *fraise*, mais sans succès, ce que j'attribue à la mauvaise qualité de la graine. Enfin, un fruit excellent qui fait défaut sur les bords du lac, est l'*ananas* [1]. Il ne manquerait certes pas de réussir, si on l'y introduisait, puisqu'il est répandu à l'état sauvage dans toute l'Afrique.

« En somme, les résultats obtenus jusqu'ici sont satisfaisants. Si, pour différents légumes, tels que la carotte, la betterave, les choux, les navets, je n'ai qu'à moitié réussi, c'est probablement que j'avais fait choix d'un terrain impropre. Pour d'autres, j'ai échoué à cause de mon peu de connaissances en cette matière spéciale. Heureusement, il y a remède à l'un et à l'autre cas.

« Je crois pouvoir conclure qu'avec le temps et la persévérance, le potager de Karéma n'aura rien à envier à ceux d'Europe. »

Quand l'exemple de l'Européen aura ouvert les yeux à

(1) Voir ce que nous en disons, page 76.

l'indigène; quand quelques travaux auront été faits dans le bas Congo pour permettre aux vapeurs de remonter, sans risques, aussi loin que possible; quand un tronçon de chemin de fer aura relié Ikoungoula ou Vivi à Léopoldville, alors on verra augmenter, dans d'énormes proportions, les productions du sol de l'Afrique centrale, productions qui sont aujourd'hui peu de chose, relativement à ce qu'indiscutablement elles seront un jour.

Il est arrivé plus d'une fois — et le fait, sans nul doute, se reproduira encore — que des voyageurs, du reste parfaitement sincères et consciencieux, rentrant en Europe après quelques mois de séjour dans les districts du bas Congo, ont émis sur la fertilité, la population, les ressources et l'avenir du pays, des opinions diamétralement opposées à celles émises par les illustres explorateurs qui les avaient précédés.

Cette divergence d'opinion, assez troublante de prime abord, n'a cependant rien d'anormal, si on l'examine de près. Ces voyageurs n'ont pas, en général, abordé le haut plateau central. Ils sont presque toujours restés dans le voisinage des solitudes du bas fleuve; ils n'ont guère abordé les plaines élevées, salubres et habitées, situées sur la rive droite, au nord d'Issanghila et de Manyanga, sur la rive gauche, au sud de Loutété et de Rubytown; ils n'ont pas dépassé le Stanley-Pool, qu'ils n'ont atteint, au surplus, qu'en passant par la faille volcanique au fond de laquelle écument les trente-deux chutes Livingstone. En réalité, ils n'ont fait qu'entrevoir le Congo, dans la partie la plus désavantageuse de son cours, la plus sauvage, la moins peuplée, la plus insalubre. Rien de bien étonnant, donc, à ce que leur avis ne soit pas tout à fait favorable.

Mais Livingstone, Cameron, Stanley, Wissmann, Pogge, Hanssens, Van Gèle, Roger ont pénétré, eux, jusqu'au cœur du bassin ; bien plus, les quatre premiers de ces explorateurs l'ont traversé de part en part, accomplissant des trajets de 800 à 1,000 lieues. Or, tous leurs rapports concluent à la fertilité, à la population et à l'immense avenir du pays.

L'autorité que leurs exploits attachent à leur nom, la complète unité de vues que reflètent leurs relations de voyages ou leurs correspondances, ne permettent pas un seul instant de mettre en doute la sincérité des renseignements fournis *en toute connaissance de cause* et de ne pas leur donner raison contre leurs contradicteurs. Ceux-ci ont sur eux l'énorme désavantage d'avoir beaucoup moins vu ; leur opinion ne saurait avoir de valeur que pour ce qui concerne les régions relativement peu étendues qu'ils ont visitées.

Ajoutons que nos convictions, nées par l'étude des travaux des grands explorateurs, achèvent de se fortifier lorsque nous entendons, après cela, le côté commercial de la question, exposé par des négociants auxquels un séjour prolongé dans les factoreries du Congo et leurs connaissances pratiques des affaires donnent une autorité non moins grande.

« Il serait facile, dit M. M. Daumas (1), de continuer l'énumération des nombreuses productions naturelles qui font de l'Afrique un des pays les plus favorisés des régions intertropicales; de démontrer, par exemple, qu'à côté des principales ressources dont il vient d'être parlé, et qui de rien, ont rapidement atteint des proportions considérables, il en existe d'autres qui, secondaires aujourd'hui, tiendront peut-être prochainement le premier rang; tels, le coton, le tabac, le cacao, la canne à sucre, les plantes médicinales, les matières alimentaires, l'élevage des bestiaux, les minerais, etc., etc. ; mais ce qui vient d'être dit suffit pour donner une idée du grand avenir auquel le continent africain est appelé (2). »

Plus loin, voulant démontrer, par deux exemples décisifs, l'influence bienfaisante que ne peuvent manquer d'exercer sur les nègres l'occupation européenne et l'exemple du travail, l'honorable exportateur écrit ceci :

« Il y a une quinzaine d'années, le commerce des amandes de palme n'existait pas en Afrique. A l'auteur de ce travail qui, à l'époque, habitait l'Afrique centrale, revient la satisfaction de l'avoir inauguré. Aujourd'hui (en 1879), ce commerce se trahit déjà par une importation de plus de soixante-quinze mille tonnes.

(1) M. M. Daumas est le chef de la maison Daumas, Béraud et Cie, de Paris, qui possède douze comptoirs dans la région du Congo inférieur. M. Daumas et M. Béraud, son associé, ont fait chacun, dans leurs comptoirs africains, un séjour d'une dizaine d'années.

(2) *Exposé sur le présent et l'avenir de l'Afrique centrale*, p. 10.

« Vers le même temps, l'existence du caoutchouctier, à peine connu dans l'établissement français du Gabon, pas même soupçonnée dans les autres parties de l'Afrique, n'était l'objet d'aucune exploitation ; on le découvre maintenant un peu partout, et l'extraction de son suc laiteux, converti en bon caoutchouc valant jusqu'à plus de six francs le kilogramme, donne lieu à des affaires de plusieurs millions, sans cesse grandissantes (1). »

On voit donc qu'au point de vue spécial sous lequel nous venons d'examiner la question, les éléments de prospérité ne font pas défaut au Congo.

(1) *Exposé sur le présent et l'avenir de l'Afrique centrale*, p. 11.

CHAPITRE VII

CONDITIONS CLIMATÉRIQUES

Température à Vivi et à Karéma. — Saisons.
Acclimatement. — La malaria.

« Mais le climat! » Telle est l'objection première, capitale, qui se présente à l'esprit de tout homme pratique qui étudie la possibilité de s'établir dans les régions équatoriales de l'Afrique, ou plutôt de les exploiter.

Oui, les températures exceptionnelles de la zone torride, auxquelles le blanc n'est pas habitué, l'insalubrité du climat, si fatal aux constitutions européennes, la malignité des fièvres paludéennes, constituent de sérieuses difficultés à l'exploitation des fertiles et riches régions du bassin du Congo.

Est-ce à dire qu'il faille reculer devant l'obstacle et abandonner la partie?... Examinons la question.

« Les températures supérieures à 35° C., dit M. le D[r] von Danckelmann, sont rares dans l'Afrique tropicale; la chaleur moyenne est semblable à celle que l'on ressent en Allemagne par une belle journée d'été, sauf qu'ici les nuits sont toujours assez fraîches, tandis qu'en Afrique, même pendant la nuit, la température ne descend pas sous 25° C. Des températures de 40° et plus, comme on en observe dans le nord de l'Inde, aux États-Unis, dans la mer Rouge et à l'intérieur de l'Australie, sont aussi extraordinaires dans l'Afrique équatoriale que chez nous. »

Le docteur, qui a séjourné pendant deux années à Vivi, en qualité d'agent de l'Association internationale, a publié un intéressant travail résumant ses observations météorologiques et donnant, entre autres renseignements, pour chaque mois de l'année les températures maxima et minima (1). En voici le tableau :

TEMPÉRATURE A VIVI.

	Temp. moyenne.	Max. absolu.	Min. absolu	Variation absolue.
Janvier	25°.8	32°.2	21°.1	11°.1
Février	26 .4	34 .5	19 .7	14° 8
Mars.	26 .2	33 .5	20 .7	12 .8

(1) *Mémoire sur les observations météorologiques faites à Vivi et sur la climatologie de la côte sud-ouest en général*; Berlin, 1884.

Avril	25 .9	33 .9	19 .9	14 .0
Mai	25 .3	35 .2	19 .4	15 .8
Juin	22 .4	31 .3	15 .3	16 .0
Juillet	21 .4	28 .1	12 .0	17 .1
Août.	21 .4	29 .6	13 .2	16 .4
Septembre	24 .0	31 .5	19 .1	12 .4
Octobre	25 .2	33 .9	20 .2	13 .7
Novembre	25 .9	36 2	20 .5	15 .7
Décembre	25 .5	32 .6	20 .8	11 .8
L'année	24 .6	36 .2	12 .0	24 .2

Il en résulte que la température la plus basse a été 12°, observée à Vivi, le 29 juillet 1882, par une nuit sans nuages; le maximum le plus élevé a été noté le 5 novembre 1882, dans l'après-midi, à 36°2. La température moyenne de l'année est de 24°6.

« Dans la région du Congo inférieur, nous apprend, d'autre part M. le Dr Chavanne, l'année se partage, au point de vue climatologique, en deux saisons pluvieuses et en deux saisons sèches.

« Des irrégularités sont à noter dans les dates où commencent et finissent ces saisons; mais, en général, la grande période sèche, nommée *cacimba*, commence au milieu de mai et dure jusqu'au milieu d'octobre. Elle est suivie par la période pluvieuse, interrompue du milieu de décembre à la fin de janvier par la saison sèche secondaire. En 1884, la dernière pluie est tombée à Boma le 30 avril ; la saison des pluies (celles-ci furent peu abondantes) n'avait duré que treize semaines. La saison sèche est la plus favorable à la culture et donne beaucoup plus de produits végétaux comestibles que la saison des pluies ([1]). »

Ces données ne diffèrent pas sensiblement de celles envoyées de Karéma, par les divers officiers belges qui y ont résidé.

L'année peut se diviser, sur les bords du Tanganîka (bassin occidental du Congo), en deux parties égales : la saison des pluies, qui débute vers la fin d'octobre avec violence et dure jusqu'en mai, et la saison sèche, qui termine le cycle annuel. C'est au commencement de la saison des pluies que la nature se réveille et prend son aspect le plus séduisant. La pluie n'y est pas continue et les interruptions qu'elle présente varient de quelques heures à plusieurs jours. Les ondées sont souvent accompagnées de violents orages et même de grêle.

Le degré moyen de la chaleur est, le matin à huit heures, de 20° à 24° centigrades à l'ombre, à midi de 25° à 35° et le soir, à neuf heures, de 21° à 23°. Ce sont les deux ou trois heures qui précèdent le lever du soleil qui constituent le moment le plus frais des vingt-quatre heures du jour ([2]).

(1) *Les conditions climatériques du bas Congo pendant la saison sèche* (*Ciel et Terre*, 1885, n° 7).

(2) Voir les tableaux des *Observations météorologiques, faites par le capitaine Popelin* (*Bulletin de l'Association internationale africaine*, n°s 3 et 4 (annexe).

Comme on le voit, la chaleur est, en général, supportable. Elle correspond assez bien à celle des rues de Bruxelles pendant le mois d'août. Ce n'est qu'exceptionnellement qu'elle atteint 35° à l'ombre. Jamais les agents de l'Association n'ont eu, par exemple, à enregistrer 47°, chaleur que l'auteur de ce livre a eu à supporter à l'ombre, les 21 et 22 mai 1880, au Caire.

En résumé, si on les considère isolément, les conditions météorologiques de la zone intertropicale ne constituent pas des causes d'insalubrité, ni de mortalité pour l'Européen. Mais si celui-ci se fait à la chaleur et aux pluies, il ne peut pas en dire autant des miasmes.

Or, sous l'équateur, la masse de pluies, venant se joindre à l'action de la température, concourt à la formation de miasmes paludéens, et humidité et chaleur combinées constituent la cause permanente des décompositions organiques, lesquelles engendrent la malaria.

« La malaria intertropicale, dit M. le Dr Dutrieux-Bey, manifeste rapidement son action sur les arrivants européens, qui contractent la fièvre dès les premières semaines qui suivent leur débarquement... Tout blanc y devient bientôt valétudinaire : la malaria n'épargne ni voyageurs, ni résidants : tous n'en meurent pas, mais tous en sont frappés...

« Aux effets débilitants du climat, des maladies endémiques et des émotions morales, il convient de joindre l'influence anémiante d'une alimentation insuffisante ou mal dirigée.

« C'est une erreur assez répandue dans le monde géographique que de croire qu'on a de grandes chances de se préserver de la fièvre, de la dysenterie et de l'hépatite, en séjournant quelque temps dans des climats de transition avant d'aborder à la côte d'Afrique, et en stationnant quelques mois sur le littoral, avant de pénétrer dans l'intérieur des terres. La première étape ne peut avoir d'autre effet que d'atténuer les premières impressions du climat météorologique; or, l'organisme peut parfaitement les supporter d'emblée, dans de bonnes conditions d'hygiène. Quant à la seconde étape, non seulement elle est inutile, mais elle est des plus nuisibles et celui qui en escompte le bénéfice s'expose à d'amères déceptions (1).... »

Un acclimatement n'est possible que là où les influences météorologiques sont seules en cause; par exemple, sur les hauteurs relativement salubres du continent, dans les localités montagneuses, exemptes de foyers palustres. Mais dans les régions basses et marécageuses, on ne saurait trouver, quoi qu'on fasse, d'immunité contre les maladies endémiques.

L'occupation des bords du Congo par les agents de l'Association a démontré d'une façon générale la vérité de ce que nous avançons. La partie la plus insalubre des rives du

(1) *Souvenirs d'une exploration médicale dans l'Afrique intertropicale*, p. 53 et 87.

fleuve est celle qui s'étend entre Vivi et Léopoldville. Le fleuve, aux bords marécageux, y est encaissé entre deux chaînons montagneux, arides et escarpés. Aussi le personnel des stations de Manyanga et d'Issanghila a-t-il été particulièrement éprouvé.

Sur le haut Congo, au contraire, à l'altitude de 350 et de 400 mètres, et dans le bassin du Kouilou et du Tchiloango, la mortalité a été considérablement moindre. Les stations des Stanley-Falls, des Bangala, de l'Équateur, de Loukoléla, de Bolobo, de Kwamouth, et la presque totalité des stations du Kouilou, n'ont perdu aucun de leurs agents [1].

Quoi qu'il en soit, il n'y a pas à se le dissimuler, dans l'état actuel de la région, les miasmes paludéens — la malaria, la dysenterie et l'anémie qui en sont les conséquences, constituent un très grave obstacle à l'acclimatement des blancs isolés et, à plus forte raison, à l'acclimatement de la race.

La *colonisation* de l'Afrique équatoriale par les Européens nous paraît une utopie; — disons-le bien carrément, en regardant en face et hardiment l'obstacle, non avec la présomptueuse audace de vouloir le renverser, mais avec la volonté bien arrêtée de le tourner.

Certes, on parviendra, dans un avenir plus ou moins prochain, et par divers moyens, à modifier cet état de choses. Vienne l'installation de centres bien outillés et bien

(1) A Loukoléla, M. Gamble Keys, et à Rodolfstadt, M. Hintze, sont morts des suites d'accidents de chasse.

approvisionnés, entourés de jardins potagers, de cultures et de pâturages; viennent des routes, des steamers, des chemins de fer; vienne la possibilité de se procurer aisément une nourriture fortifiante et rafraîchissante et, dans les habitations, un peu de confort européen; vienne surtout un système complet de canalisation, et un notable progrès se fera sentir. L'occupation européenne, le dessèchement des marais, l'endiguement des rivières, la culture des terres, le boisement, l'élève du bétail, finiront, en partie, par avoir raison de la rigueur et de la perfidie du climat. Il sera, non changé, mais plus ou moins maîtrisé par toutes les forces de la science.

Ce sera l'œuvre du temps, l'œuvre des siècles, pour l'Afrique, comme cela l'a été pour les localités malsaines de l'Europe et de l'Asie.

A ce propos, M. le Dr Dutrieux-Bey, qui, comme on s'en souvient, a fait partie de la première expédition de l'Association internationale africaine à la côte orientale d'Afrique, fait très justement remarquer, dans ses *Souvenirs d'une exploration médicale dans l'Afrique équatoriale*, qu'il a fallu bien des années pour assainir, dans diverses contrées de l'Europe, les localités infestées par la malaria. Il cite l'exemple de Londres, où la fièvre intermittente sévissait encore au XVIIe siècle, enlevant annuellement 3,000 personnes; aujourd'hui, elle fait à peine trois cents victimes dans toute l'Angleterre. Dans sa *Géographie médicale*,

M. Bordier rappelle que, lorsque les Anglais débarquèrent, en 1809, dans l'île de Walcheren, sur un effectif de 39,219 hommes, 4,175 moururent de la fièvre et le nombre des admissions à l'hôpital, pour fièvre, fut de 26,846 ; le feu de l'ennemi ne leur avait coûté que 217 hommes. En Grèce, encore de nos jours, la mortalité par la fièvre paludéenne forme les deux tiers de la mortalité générale. Et à Calcutta, dans la zone isotherme de Banana, quels progrès les Anglais n'ont-ils pas réalisés, grâce à de gigantesques travaux d'assainissement ? Comme situation, au milieu du delta pestilentiel du Gange, le parallèle est tout au désavantage de la cité indienne, et cependant Calcutta, dont l'importance commerciale ne date que d'un siècle à peine, est aujourd'hui la deuxième ville de l'Asie !

En attendant, pour Banana et pour le bassin du grand fleuve qui y débouche, un avenir aussi brillant, examinons quels sont les moyens à employer pour introduire la civilisation au Congo par les voies de l'agriculture et du commerce et par l'exécution de grands travaux d'utilité publique.

CHAPITRE VIII

ORGANISATION DU TRAVAIL

Les Européens au Congo. — Régime. — Mortalité. — De la faculté éducatrice chez la race nègre. — Les Sierra-Léoniens. — Les noirs d'Amérique. — L'État nègre de Libéria. — Les indigènes du Congo. — Les travailleurs étrangers. — Les coolies.

La nature généreuse a gratifié l'Afrique de vastes plaines, drainées par des rivières innombrables, des fleuves et des lacs énormes ; d'immenses forêts ; de terrains d'alluvion d'une extrême fertilité ; de mines du plus grand avenir. Pour exploiter tant de richesses, il y a de plus, en Afrique, une population aborigène qui est, en certaines régions, d'une densité très grande.

Néanmoins, le centre du continent africain est resté, presque tout entier, en dehors de l'activité du monde; ses trésors demeurent inexploités, son sol n'est pas labouré, ses forêts et ses plaines ne sont guère utilisées que pour la chasse, et ses eaux, pour la pêche. A qui faut-il faire remonter la cause d'une telle situation? A l'indigène, qui jusqu'ici n'a pas songé à se plier à la dure loi du travail, qui est la loi de toute l'humanité, et qui est aussi la source première de tout progrès.

Cette loi, ignorée de ces êtres primitifs, les hommes de la race blanche ont résolu de la leur enseigner par l'exemple. Et depuis le commencement de ce siècle, les civilisations européenne et américaine sont aux prises avec la barbarie africaine.

La tâche est rude, car les obstacles sont innombrables et redoutables. La configuration particulière du continent; ses fleuves coupés par des cataractes qui arrêtent la navigation à quelques lieues de la côte; l'absence de bêtes de somme; la présence, au nord, du grand désert du Sahara; celle, au sud, du désert, plus petit, du Kalahari; enfin, un climat fatal aux constitutions du Nord, voilà plus qu'il n'en faut pour expliquer comment il se fait que l'homme civilisé a laissé pour la fin de ses travaux de découverte l'exploration de l'intérieur de l'Afrique.

Aujourd'hui, il aborde résolument l'entreprise; toutes les nations y concourent, et l'apparition du drapeau bleu de l'Association internationale au cœur même des régions inexplorées, au pied des Stanley-Falls, est le signal de sa victoire, en même temps que l'affirmation de son intention de redoubler, sans arrêt, ses généreux efforts.

Un tel combat, quelque pacifique qu'il ait été, ne s'est pas poursuivi pendant un demi-siècle sans douloureuses pertes d'hommes. Comme toutes les grandes œuvres, la régénération de l'Afrique a ses martyrs. Les chemins, héroïquement ouverts, sont jalonnés de tombes; les connaissances, l'expérience et les résultats acquis l'ont été chèrement.

A l'ardeur et à l'insouciance des premiers élans, va succéder une ère plus calme et plus réfléchie. Les positions sont conquises; il faut s'y maintenir. Aussi, de tous côtés, les questions scientifiques et économiques sont mises à l'étude. Il n'en est pas, à l'heure actuelle, de plus importante que celle qui a pour objet l'organisation du travail au Congo.

L'exploitation première de l'Afrique par les blancs est-elle possible?

L'agriculteur, l'ingénieur, le commerçant blancs trouveront-ils sur les lieux mêmes les bras nécessaires à l'accomplissement de leur tâche?

Si le concours des indigènes faisait défaut, où et à qui faudrait-il s'adresser pour y suppléer?

Autant de questions que nous allons essayer, non de résoudre, mais d'exposer sommairement.

Le voyageur européen qui aborde l'Afrique tropicale, soit pour l'explorer, soit pour y commercer, oublie trop souvent que la sagesse la plus élémentaire lui ordonne de modifier du tout au tout sa conduite et sa manière de vivre. Plus de la moitié peut-être des victimes qu'ont faites les explorations africaines sont dues à l'ignorance, à l'imprévoyance ou à l'imprudence des voyageurs.

Pour accomplir là-bas avec succès, avec fruit, la tâche qu'on s'est imposée, que l'on a acceptée, il faut savoir prendre et maintenir la résolution de modifier certaines habitudes contractées en Europe et qui sont fatales en Afrique. Il faut savoir être sobre avant tout et être prudent par-dessus tout.

« Une nourriture saine et fortifiante, dit le Dr von Dankelmann, est le premier et le meilleur préservatif contre les dangers du climat africain; ce qui ne veut pas dire qu'il faille s'entourer de ce luxe qui distingue la table des commerçants de Hong-Kong ou de Singapore, et s'astreindre à une multiplicité de repas aussi désastreuse pour l'estomac que pourrait l'être en Afrique le manque de nourriture. Stanley avoue qu'il n'aurait pu accomplir ses gigantesques travaux, si les ressources mises à sa disposition ne lui avaient pas permis d'emporter dans ses voyages de fortes provisions de conserves européennes. Jusqu'à ce que l'agriculture ait pris des développements suffisants en Afrique. ces dernières resteront encore la condition *sine qua non* d'une bonne hygiène pour les Européens.

« C'est souvent à leur propre manque de jugement que les Européens doivent attribuer les malheurs qui les frappent et qui sont, dans beaucoup d'occasions, le résultat d'une perte subite d'énergie morale... L'homme sans énergie est, en Afrique, un homme perdu, tout comme celui qui est insouciant ou téméraire (1). »

Nous répétons ici ce que nous avons déjà dit et redit si souvent : dans l'état actuel de l'Afrique, on ne saurait y entreprendre quoi que ce soit sans avoir à compter fatalement avec de douloureuses pertes d'hommes.

Ce n'est pas en Afrique seulement, du reste, que toute grande entreprise exige des vies humaines. Pense-t-on que les grands travaux publics dont l'humanité s'enorgueillit : le chemin de fer transpacifique, les percements des Alpes, le canal de Suez et celui de Panama, la construction des grands ponts, des phares et même des monuments publics n'aient pas dévoré des milliers d'existences? Plus de 400 hommes sont tombés au Saint-Gothard, et le Palais de Justice de Bruxelles lui-même n'a pas coûté la vie à moins de 95 ouvriers.

Au Congo, sur 81 Belges qui y ont été envoyés durant l'espace de six années, 15 sont morts ; soit, en moyenne, moins de 3 décès par an. Certes, le nombre, quel qu'il soit, est douloureux, mais il y a loin, comme on le voit, de ce chiffre de 15 décès sur 81 voyageurs à l'*hécatombe humaine* dont certains journaux ont si souvent entretenu leurs crédules lecteurs. Toutes les explorations africaines ont leur nécro-

(1) *Le climat du Congo et son influence sur l'homme.* (*Ciel et Terre*, 1885, p. 38.)

loge, il est superflu de citer des exemples. Ce n'est pas impunément que, sous ce climat meurtrier, des Européens exécutent de véritables travaux d'Hercule, des marches forcées à travers un pays sans routes, par les déserts, les marais, les jungles ou les forêts vierges; luttent contre les obstacles multiples que présentent à la civilisation, la nature et les hommes dans ce continent oublié : la malignité de la dysenterie et de la fièvre, la rigueur de la saison des pluies, la disette ou la cherté des vivres, la difficulté des transports, la lâcheté et l'infidélité des porteurs, la rapacité, la défiance ou l'hostilité des indigènes.

« Sans méconnaître la fâcheuse influence du climat africain, a dit fort justement M. le Dr Dutrieux-bey, dans une conférence donnée à Bruxelles, il ne faut pas en tirer des conclusions trop pessimistes. Il faut songer au genre de vie des Européens voyageant en Afrique, et il faut bien se dire que celui qui voudrait, en pleine Europe, s'astreindre aux mêmes conditions de voyage et faire quelques mois de marche à travers nos contrées, par monts et par vaux, et par tous les temps, sans autre abri qu'une tente, campant tantôt dans les champs, tantôt dans les forêts, tantôt sur les places publiques, toujours accompagné de quelques centaines de portefaix portant 70 livres sur l'épaule et à l'entretien desquels il aurait à pourvoir; que celui-là, dis-je, n'accomplirait probablement pas son tour d'Europe sans accident et risquerait fort de succomber à une fluxion de poitrine ou à toute autre maladie, tout comme le voyageur africain est exposé à succomber à la fièvre ou à la dysenterie [1]. »

Des exemples nombreux prouvent, du reste, qu'un homme sain et fort ne doit pas tant craindre l'Afrique et que, s'il est prévoyant, il peut y vivre relativement en bonne santé, pendant un certain temps. C'est l'avis de M. le Dr Pogge. C'est celui de M. le Dr von Danckelmann. C'est aussi celui de M. le Dr Chavanne.

Actuellement, il y a dans les factoreries du bas Congo et de la côte de nombreux Européens : Hollandais, Anglais, Français, Portugais et Belges, qui y sont installés depuis nombre d'années. M. le Dr Lukan, un médecin français, est établi depuis 9 ans à Landana, avec sa femme; il y a 2 1/2 ans, celle-ci lui a donné un bébé, qui se porte à merveille. C'est le seul enfant blanc né dans ces parages. Un autre agent blanc, M. Oliveira, un Portugais, habite la côte depuis 28 ans. A Banana, la maison Daumas, Béraud et Cie a un agent qui est en Afrique depuis 16 ans, et notre compatriote, M. Delcommune, en ce moment agent de l'Association à Boma, a quitté la Belgique, pour le Congo, depuis 8 ans, avec une seule absence de quelques mois, en 1883.

Les agents supérieurs de la maison hollandaise, MM. Müller, de Bloeme, Greshoff et Gray, ont également fait, au Congo, des séjours qui varient de 5 à 17 ans.

(1) *La question africaine au point de vue commercial.* (*Bulletin de l'Union syndicale de Bruxelles,* 1880, p. 245.)

L'un des chefs de la maison Daumas, Béraud et Cie nous disait l'autre jour que sur les 40 agents blancs que cette maison a dans ses 12 factoreries du Congo et de la côte voisine, elle n'avait eu à déplorer, depuis six ans, que le décès d'un seul homme, et encore était-il mort à Banana, par accident.

Ne sont-ce pas là des preuves que, pour certains tempéraments, l'Afrique n'est pas aussi fatale à la race blanche que l'on veut bien le dire. « Ce sont des exceptions », nous dira-t-on. Soit, nous en convenons volontiers, mais nous n'en avons pas moins la conviction que ces exceptions ne feront qu'augmenter au fur et à mesure de l'occupation européenne, de l'introduction du confort, du desséchement des marais et de l'assainissement du pays par de grands travaux publics.

En attendant ce progrès, la seule règle de conduite à adopter est celle suivie par toutes les maisons de commerce qui ont des factoreries à la côte occidentale : choisir avec soin les agents, leur procurer tout le confort possible, les approvisionner abondamment de conserves européennes et leur faire faire la navette entre l'Afrique et l'Europe tous les deux ou trois ans, suivant que leur santé et les circonstances l'exigent.

Puis, il viendra un jour où, grâce à l'exemple et à l'instruction, la race nègre viendra seconder les efforts de la race blanche, dans sa mission civilisatrice.

Ici se place la question de savoir si la faculté éducatrice existe chez la race noire; si le contact des blancs va la développer et la civiliser, ou bien si elle est destinée, comme la race cuivrée et la race australienne, à s'éteindre ou à disparaître, faute de comprendre le bonheur qui réside dans le travail.

Le Cafre n'occupe pas, dans l'échelle des peuples, comme l'Australien ou le Hottentot, le dernier échelon.

« Quant à la place que le nègre doit occuper un jour parmi les peuples, dit Livingstone, nous n'avons rien vu qui justifie l'hypothèse de son infériorité native, rien qui prouve qu'il soit d'une autre espèce que les plus civilisés.

« L'Africain est un homme doué de tous les attributs qui caractérisent la race humaine ; seulement des siècles de barbarie l'ont dégradé... Il n'est pas du tout classé par les ethnologues au dernier degré de l'espèce humaine ; physiquement, il est presque aussi fort que le civilisé et, comme race, il est doué d'une vitalité surprenante [1] ».

De son côté, M. le docteur Dutrieux estime que les Européens « peuvent heureusement compter sur les aptitudes de celles des races africaines qui occupent le rang anthropologique le plus élevé et qui semblent les plus susceptibles de s'améliorer par le mélange et par l'éducation, et de s'imprégner de notre civilisation à un degré suffisant pour

(1) *Le Zambèse et ses affluents*, p. 551 et 552.

la faire rayonner parmis les races moins bien douées qu'elles [1] ».

Les *Nigritiens*, ainsi que dans son ouvrage sur *Les peuples de l'Afrique*, M. Robert Hartmann dénomme les noirs qui peuplent le Soudan tout entier, ainsi que les régions situées sous l'équateur et entre les grands lacs, de la côte de Zanzibar aux bouches du Niger et du Congo — les Nigritiens sont aptes à remplir cette mission.

Les enfants noirs élevés par les missionnaires catholiques et protestants, dans leurs établissements de la côte orientale et de la côte occidentale, font généralement preuve d'intelligence et d'aptitude. On parvient à leur faire contracter le goût du travail et à leur inculquer quelques notions d'une loi morale.

L'exemple de Sierra-Leone est là, du reste, qui nous prouve quels services l'on peut attendre de la race nègre instruite, guidée, émancipée par la race blanche.

« Sierra-Leone, écrit un voyageur qui a parcouru le littoral entre le Sénégal et le Niger, est la plus intéressante colonie qui ait été tentée sur la côte occidentale d'Afrique. On sait que sa population a été formée d'esclaves affranchis auxquels on a donné des terres à cultiver ; peu à peu, des villes se sont élevées et aujourd'hui Sierra-Leone représente un véritable État, gouverné par les affranchis eux-mêmes, sous la suzeraineté de l'Angleterre. C'est Free-

(1) *Souvenirs d'une exploration médicale dans l'Afrique intertropicale*, p. 97.

Town qui en est la capitale ; c'est là aussi que se trouvent le siège du gouvernement, les écoles, les établissements commerciaux et les missions.

« Mais ce qu'il y a de plus intéressant à Sierra-Leone, à raison de l'utilité qui en ressortira dans l'avenir, c'est la génération nègre intelligente qui s'y forme ; depuis de longues années, les Européens se consacrent à cette noble mission avec le plus admirable dévouement. A l'heure actuelle, on peut trouver à Sierra-Leone non seulement des travailleurs, des cultivateurs, des charpentiers indigènes, mais même des employés, des commis de factoreries, des agents noirs parfaitement au courant des affaires, connaissant la comptabilité, les rouages du commerce, la langue anglaise et plusieurs dialectes africains.

« Il n'est pas besoin d'insister sur les avantages qu'on peut retirer d'une telle situation ; cette côte d'Afrique, si fatale aux Européens, pourra néanmoins s'ouvrir au commerce et à la civilisation, grâce à cette génération nègre que l'on placera à la tête des comptoirs, sous la surveillance d'agents généraux européens qui feront la navette entre l'Europe et les factoreries, rapportant ici les produits de ses contrées, emportant là-bas le trop-plein de nos industries nationales.

« Déjà les Anglais mettent à profit cette situation et leurs comptoirs du Niger et des points insalubres de la côte sont sous la direction de Sierra-Léoniens, qui, eux, résistent parfaitement au climat et sont d'autant plus utiles dans les transactions commerciales qu'ils connaissent mieux, et partant déjouent avec facilité, les ruses assez fréquentes des traitants nègres de l'intérieur, aux mains de qui est le négoce. »

Voilà donc un autre moyen d'action qu'il ne faudra pas négliger pour la prochaine période d'exploitation, car cette œuvre de longue haleine aura ses phases diverses, possédant chacune ses moyens d'exécution. L'Angleterre l'a parfaitement compris et déjà elle possède tout le long du Niger inférieur, depuis Akassa et Bonny dans le Delta, jusqu'à Wonangi et Eggan, à l'entrée du Soudan indépendant, une suite de vingt à vingt-cinq factoreries ou stations commerciales et agricoles, que relie l'une à l'autre un service parfaitement organisé de petits bateaux à vapeur. Le plus grand nombre de ces stations sont dirigées par des nègres intelligents, instruits et honnêtes.

Ajoutons ici que le gouvernement anglais vient d'autoriser le gouvernement de l'État libre du Congo à enrôler à Freetown un certain nombre de Sierra-Léoniens pour le service de ses stations.

Une autre preuve de la faculté civilisatrice chez la race nègre nous est fournie par le savant éminent, le philanthrope distingué qui a dirigé l'Observatoire royal de Bruxelles; nous la trouvons dans un mémoire intitulé : *Remarques sur la manière de traiter avec la race noire*. Si elle n'est pas absolument concluante (l'expérience étant faite sur des noirs d'Amérique), elle n'en est pas moins intéressante à rappeler, sous bien des rapports.

« Lorsque je suis venu m'établir à la Jamaïque, en 1868, écrit M. Houzeau, je visitai, en vue de l'acquérir, une plantation éloignée des blancs et exclusivement entourée d'habitants noirs. Un Anglais, à qui je parlai de mon projet, me dit qu'il s'était autrefois établi dans ce voisinage, mais que la population y était redoutable, *fortement mêlée d'Africains de naissance ou de leurs descendants immédiats*. Il avait perdu ses animaux, ses instruments de culture; ses récoltes avaient été pillées; deux de ses enfants avaient été empoisonnés; enfin, il s'était vu contraint de quitter à tout prix.

« J'avais déjà entendu parler des rapports de cet Anglais avec ses voisins. Je savais où était la cause de ses déboires. A la grande surprise de mon interlocuteur, je ne changeai rien à mes projets. J'allai m'établir dans cet endroit prétendûment maudit.

« J'y suis resté huit ans, vivant sans méfiance, sans même un chien de garde, laissant nuit et jour les instruments de culture, les outils les plus portatifs, le linge, accessibles à tous; jamais le moindre objet n'a manqué, pas même une orange ou une mangue.

« Qu'avais-je fait pour déterminer, en quelque sorte, à vue ce changement radical? Au lieu de traiter mes voisins de supérieur à inférieur, j'avais traité d'égal à égal. Mes rapports avec eux étaient gouvernés par ce principe : Vous êtes des hommes comme moi, vous avez les mêmes droits que moi. Je n'impose pas une supériorité, en supposant qu'elle existe en quelque chose ; je vous laisse à la reconnaître librement, là où elle sera réelle, si cela vous convient. »

Ce que M. Houzeau ne dit pas dans son travail, mais ce que l'on a appris depuis, c'est que le jour où le Roi l'appela d'Amérique pour prendre la direction de l'Observatoire de Bruxelles, il était parvenu à instruire et à s'attacher d'une manière si complète les nègres de sa plantation, qu'il put la quitter sans crainte, et confier à ses anciens serviteurs la gestion de son bien. Aujourd'hui encore, ils continuent, seuls, l'exploitation et rendent tous les ans à leur mandant un compte fidèle de leur administration.

Enfin, un argument plus décisif que tous ceux qui précèdent, n'est-ce pas la prospérité de l'État libre nègre de Libéria ? Cet État indépendant et reconnu par l'Europe, ne démontre-t-il pas victorieusement la capacité des noirs à acquérir la civilisation et ce que peuvent faire, en un demi-siècle, d'une race malheureuse et déshéritée, les encouragements de cette civilisation ?

Fondée en 1820, la colonie s'est peu à peu développée et initiée à tous nos progrès. Elle est organisée aujourd'hui sur le modèle des États européens et américains et fonctionne régulièrement et pacifiquement. Son gouvernement se compose d'un président, d'un vice-président, de deux ministres et d'un attorney général. Les neuf présidents qui se sont succédé au pouvoir depuis 1848, année de la proclamation de l'indépendance et de la Constitution, sont des hommes de couleur, d'origine américaine. Le président actuel — le premier président né sur le sol national — est M. Hilary R. W. Johnson, né à Monrovia, en 1837. Ancien directeur du *Baptist High School*, rédacteur en chef du *Liberia Hérald*, professeur de philosophie et belles-lettres au *Liberia College*, membre de la Chambre des représentants, ministre de l'intérieur, etc., etc., il est président depuis l'année dernière.

Libéria a un Sénat et une Chambre des représentants. La police est faite par une milice composée de quatre régiments et commandée par un brigadier général. Le gouvernement ne cesse de faire d'énormes efforts pour répandre l'instruction, aussi bien chez les enfants de civilisés que dans les tribus sauvages. Tout centre de 300 habitants possède une école primaire ; l'instituteur est payé par l'État ; des comités scolaires locaux adressent chaque année un rapport au gouvernement. Depuis 1862, il y a à Monrovia, capitale de la république, une école supérieure, où des professeurs nègres enseignent les sciences physiques et mathématiques, les littératures grecque, latine et arabe. Une institution semblable existe pour les femmes. Presque tous les professeurs sont des noirs. Dans plusieurs villes de Libéria on trouve des sociétés littéraires et des bibliothèques publiques.

C'est par l'agriculture que se développent les richesses de

la colonie. La culture y est pratiquée sur une vaste échelle, et l'on voit fréquemment des fermes de plusieurs acres d'étendue. D'après le dernier recensement, la population se compose de 18,000 nègres civilisés et de 1,050,000 nègres indigènes [1].

Ce que la race noire vient de réaliser à Libéria, qui oserait nier qu'elle ne soit apte à le renouveler à Vivi?

En attendant pour le Congo la réalisation de ces espérances, nous devons reconnaître que l'indigène ne paraît pas, pour le moment, se soucier beaucoup du travail libre. Cependant, d'après des renseignements fournis par les agents de l'Association, déjà, chez certaines peuplades, on trouve comme les indices d'un réveil.

« Les indigènes des environs de la station de l'Équateur, écrit M. le lieutenant Van Gèle, sont agriculteurs ; ils cultivent avec abondance le maïs et le manioc et élèvent de nombreux troupeaux de chèvres et de moutons. Malheureusement ils ne consentent à accorder au travail que le strict nécessaire de peine et de temps. Je me suis adressé à différentes reprises à eux, afin de les décider à venir travailler chez moi ; les chefs me répondent invariablement que les hommes, dans leur pays, ne travaillent pas, que c'est affaire aux femmes.

(1) Voir sur cet intéressant sujet : *Libéria. Fondation d'un état nègre libre*, par le colonel Wauwermans. 1 vol. in-16, de 273 pages, orné de 2 cartes. (Bibliothèque géographique de l'Institut national de géographie.)

« L'un d'eux, Molyra, chef de Macouli, m'a amené, en canot, une brigade de quinze femmes, qu'il a mises immédiatement à enlever les herbes et à préparer le terrain pour les plantations; elles ont travaillé avec ardeur et très bien. Une trentaine de femmes d'Ibongo-Wangata ont suivi cet exemple. Je paye au chef 1 3/5 mitakou par jour et par femme; c'est lui qui les surveille. Pour la culture de mes champs, ces femmes vont m'être d'un secours précieux, car c'est leur travail habituel, et elle s'y connaissent très bien (1). »

Chez les Bangala, M. le lieutenant Coquilhat est arrivé à un résultat plus décisif encore. Il est parvenu à obtenir le travail des hommes. « Fait intéressant à noter, écrit-il, les natifs ont participé à nos travaux d'établissement. Ce sont eux qui ont couvert l'habitation de branches de palmier, me faisant un toit splendide, qui me tient parfaitement à sec (2). »

De son côté, M. le lieutenant Valcke, arrivé à Loutété avec la caravane transportant le long des chutes Livingstone le steamer démonté *le Stanley*, y a obtenu, afin d'activer le travail, le concours de 800 indigènes de la rive sud (3).

Enfin M. le Dr Chavanne, qui connaît les dispositions des populations du bas fleuve, pour avoir séjourné parmi celles-ci pendant six mois, vient de retourner au Congo, convaincu qu'il trouvera, sur les lieux mêmes, les bras nécessaires pour

(1) A.-J. Wauters : *Les Belges au Congo*, p. 18.
(2) Id., *ibid*, p. 19.
(3) Le *Mouvement géographique*, 1885, p. 23, c. 1.

le seconder dans l'exploitation des cultures qu'il va installer près de Boma [1].

Il est évident que l'exemple, et aussi l'appât d'un bénéfice honnête, feront peu à peu participer les noirs aux travaux des blancs. Mais il faut s'attendre à ce que le développement du travail indigène soit bien lent, et songer à introduire en Afrique des travailleurs d'une race étrangère quelconque, reconnue acclimatable sous ces latitudes, et apte aux travaux de la terre.

« Pour ma part, — a dit M. le Dr Dutrieux-bey, dans la conférence donnée à l'Union syndicale de Bruxelles, — je crois cette introduction indispensable à l'installation rapide d'établissements agricoles, de fermes modèles, qui soient un exemple vivant pour les indigènes, au développement de la grande culture qui entraînera l'assainissement de bien des régions insalubres, et à l'établissement de routes véritables, qui nécessitera en certains points la construction d'aqueducs et de grands travaux de nivellement : toutes conditions indispensables à l'introduction d'une civilisation sérieuse et durable, apportant aux populations africaines, non seulement de nouveaux besoins, mais leur préparant, par l'éducation et le développement du travail indigène, les moyens d'y satisfaire [2]. »

(1) Le *Mouvement géographique*, 1885, p. 34, c. 2.
(2) *La question africaine au point de vue commercial.* (*Bulletin de l'Union syndicale de Bruxelles*, 1880, p. 241.)

Et immédiatement se présente la question des *coolies*. Le travail que le nègre refuse, le Chinois est tout prêt à vous l'accorder. Ce qu'il a fait pour les États-Unis, pour le Panama, pour les Indes orientales, pour Maurice, pour Cuba, pour la Guyane, pour le Brésil, etc., il est disposé à le faire pour le Congo : il lui fournira les bras nécessaires aux travaux d'utilité générale, pendant la période de transition nécessaire à l'installation de la civilisation européenne.

Actuellement, certains États d'Amérique sont hostiles à l'emploi des ouvriers chinois, parce qu'ils y voient un élément de concurrence ruineux pour le travail national.

« Néanmoins, les Américains reconnaissent tous, dit M. J. Peltzer, dans une très intéressante étude sur ce sujet(1), que, sans l'introduction des Chinois, la construction du grand chemin de fer Central-Pacific, qui relie San Francisco à New-York, eût été impossible (2). La très grande majorité des citoyens californiens admettent que l'industrie vinicole et les nombreux vergers, des environs de San Francisco,

(1) *Le coolie chinois.* (*Bulletin de la Société belge de géographie*, 1884, p. 573.)

(2) « Les principaux travaux de terrassement sur le chemin de fer central, dit M. Simonin, ont été faits par des Chinois, fort habiles en ce genre d'ouvrage. » Et plus loin, l'auteur, racontant la cérémonie d'inauguration du chemin de fer, ajoute : « On eut bientôt fait les préparatifs pour poser d'une manière solennelle les derniers rails. On avait laissé entre les deux extrémités des lignes un espace libre d'environ trente mètres. Deux escouades, composées d'Irlandais, du côté des unionistes, et de Chinois, du côté des centraux, s'avancèrent en tenue correcte, pour combler cette lacune. Dans les deux camps, c'était l'élite des travailleurs. Les Chinois, graves, silencieux, alertes, s'entr'aidant adroitement, furent l'objet de l'admiration générale. « Ils travaillent comme des prestidigitateurs, » dit un témoin oculaire; et pour qui a vu avec quel soin opèrent les Chinois, même dans les plus petites choses, cette expression est des plus justes. » (*A travers les États-Unis*, p. 179 et 181.)

sont en grande partie l'œuvre du travail à bon marché des Chinois.

« L'enquête officielle faite à San Francisco, en octobre 1876, sur l'ordre du Congrès fédéral, par une commission composée de sénateurs et de délégués de l'État de Californie et des grandes compagnies chinoises établies à San Francisco, a prouvé qu'avant l'arrivée des coolies chinois il n'y avait aucune manufacture importante en Californie.

« L'importation du travail à bon marché des Chinois non seulement a eu une influence immense sur la prospérité agricole des États de la côte du Pacifique, mais à San Francisco ont été fondées et prospèrent (uniquement grâce au bas prix de la main-d'œuvre des ouvriers chinois) deux fabriques, l'une de couvertures, l'autre de tissus de laine; deux fabriques de savon et de bougies; deux fabriques de sacs en jute et coton ; des fabriques de cordages, d'allumettes chimiques, etc. ; une raffinerie de cobalt et deux poudrières, où, d'après le témoignage d'un des directeurs, des Chinois sont employés « là où le travail serait trop dangereux aux ouvriers blancs et pour certaines manipulations chimiques dans lesquelles la constitution d'un ouvrier blanc serait *détruite en moins de deux ans* ...»

« Il me reste maintenant à examiner la situation qui est faite aux coolies et aux habitants chinois des colonies, ainsi que l'influence bienfaisante qu'ils exercent sur la richesse publique et sur la prospérité des contrées intertropicales, où ils sont reçus à bras ouverts dans les plantations et usines de tout genre.

« A l'île Maurice, à la Guyane anglaise (Demerara), à Cuba, le coolie chinois est considéré comme une bonne acquisition. Le Brésil a signé dernièrement un traité avec l'empereur de la Chine, pour obtenir la faculté légale d'introduire des travailleurs chinois dans le vaste empire sud-américain. La Cochinchine, la seule colonie qui rapporte des millions au trésor du gouvernement français, doit sa prospérité aux Chinois, qui y ont créé de larges plantations de riz et continuent d'y introduire de nouvelles cultures tropicales, comme celles du poivre, du gambier, du sésame, du tapioca, etc.

« L'auteur de ces lignes a pu apprécier les ouvriers chinois quand il était surveillant ou gérant de plantations à Java, dans la Péninsule malaise, à Bornéo et dans les îles avoisinantes : toujours il les a vus animés des mêmes intentions, stimulés par les mêmes sentiments, qu'ils fussent à l'œuvre chez eux, dans la province de Kwantung, aux îles de la Société ou en Californie. »

Depuis quelque temps déjà, la question de l'introduction des coolies au Congo est à l'étude à l'Association. Nous croyons savoir qu'un premier essai sera tenté sous peu.

En résumé, les premiers efforts seront laborieux, mais les apôtres vaillants et convaincus ne manqueront pas. Le blanc, pour un certain nombre d'années encore, ne peut compter sur l'indigène du Congo que dans une limite restreinte. Il devra donc appeler à son aide les travailleurs étrangers : Sierra-Léoniens, Zanzibarites, Haoussas, Krooman, Chinois, Indiens, Malais, etc. Puis par l'exemple, l'instruction et le croisement, les auxiliaires se multiplieront et arriveront naturellement et successivement.

S'imaginer que la génération présente constatera par elle-même les résultats de ses efforts serait une naïveté. Douter, d'autre part, du résultat final serait nier la puissance du travail et faire injure au génie humain.

Le Pandanus.

CHAPITRE IX

LES ANIMAUX DOMESTIQUES

Bétail. — Chèvres et moutons. — Porcs. — Chiens et chats. — Basse-cour. — Chevaux. — Mulets et ânes. — Éléphants.

Un autre point sur lequel il importe de donner ici quelques détails — ne fût-ce que pour réfuter certaines erreurs — est celui qui concerne la possibilité d'introduire dans les factoreries et les stations les animaux domestiques.

Actuellement les bestiaux sont rares au Congo et les bêtes de somme en sont absentes. L'espèce bovine n'est pas indigène; elle est importée de Mossamédès. La race est grande; elle rappelle celle de la Hongrie, avec ses belles cornes. La robe est, en général, brun foncé. Chaque factorerie possède un troupeau plus ou moins nombreux, que, malheureusement, des maladies périodiques déciment à la fin de la saison sèche. Il n'est pas rare de voir disparaître ainsi des troupeaux entiers, mourant victimes d'une cause que l'on n'est pas encore parvenu à déterminer exactement, mais que certains attribuent à des plantes vénéneuses. L'établissement de vastes prairies, largement alimentées par les eaux du fleuve ou de ses affluents, est un des premiers progrès que l'on aura à réaliser dans les environs des stations, si l'on veut approvisionner celles-ci de laitage et de viande fraîche et fortifiante.

« L'élevage des bestiaux, dit M. Daumas, peut à lui seul, et à cause de la grande extension qu'il est susceptible de prendre, devenir au Congo une source importante de richesses (1). » Et joignant la pratique à la théorie, la maison Daumas, Béraud et Cie se dispose à faire, sur une assez vaste échelle, un essai d'élevage, près de sa factorerie de Noki, sur le bas Congo.

Notons ici que près d'Ambriz, un forçat libéré est parvenu à monter un établissement qui, il y a quelques années, était le fournisseur de viande de la ville ; il possédait, fait exceptionnel à la côte, un troupeau de 200 bêtes à cornes et de 500 à 600 moutons (2).

Mais en général, les efforts, au Congo et dans ses environs, n'ont pas encore été portés de ce côté. Et cela s'explique : les trafiquants, les agents de factorerie qui y

(1) *Exposé sur le présent et l'avenir de l'Afrique centrale*, p. 13.
(2) Jeannest : *Quatre années au Congo*, p. 40 et 94.

vont séjourner quelques années, savent fort bien qu'ils n'y sont que *de passage*; ils n'ont qu'un but, qu'une idée, à laquelle ils consacrent absolument tout leur temps : la *troque* qui leur permet d'amasser le plus rapidement possible de quoi retourner dans leur pays, pour y jouir du fruit de leurs peines. Mais il est bien rare qu'ils songent à établir de bons pâturages et à former un troupeau qui serait une source continuelle de vols et d'envie de la part des indigènes et qui, en somme, ne profiterait qu'à leurs successeurs.

On rencontre dans un grand nombre de villages des chèvres et des moutons en grande quantité; les uns et les autres sont à poils ras. Il existe aussi des cochons noirs, ainsi que des chats et des chiens domestiques. Ces derniers paraissent être une variété du chien européen; ils ont le caractère de notre chien-loup, en petit; leur couleur est, en général, brun pâle. Les basses-cours sont peuplées de poules, canards et pigeons.

On a souvent dit et écrit que le cheval ne pouvait pas vivre au Congo, à cause du climat, suivant les uns, à cause de la *tsétsé*, suivant les autres. C'est une erreur. D'abord il n'y a pas de *tsétsé* au Congo. L'habitat de cette mouche, si venimeuse pour le bétail et les bêtes de somme, paraît circonscrit à l'Afrique orientale et australe. Jamais aucun voyageur n'a signalé sa présence au Congo. Les quelques chevaux qui, dans ces dernières années, ont été introduits dans les factoreries et stations de la côte occidentale prouvent, au contraire, que l'espèce pourra, sans difficulté, être acclimatée dans la région.

A l'heure présente, le Congo ne possède encore que cinq chevaux : il y en a un à Vista, sur la côte, à la factorerie hollandaise que dirige M. Cremer; un autre est à Banana, à la factorerie *Rotterdam;* un troisième est à la factorerie belge de Boma, où il a été vendu par M. Greshof, agent de la factorerie hollandaise, qui le possédait depuis quatre ans, à M. Boshart, agent de l'Association; enfin, il y en a deux dans l'écurie de sir Francis de Winton, à Vivi.

Ce sont tous des chevaux de Madère; ils se portent bien et supportent parfaitement le climat. Il y a aussi, à Vivi et à Léopoldville, des ânes et des mulets. La mortalité a été grande parmi ces derniers. Mais il est vrai de dire qu'on leur faisait faire un travail exténuant, incessant, par des chemins impraticables, et en ne les nourrissant, le plus souvent, que d'une manière impropre. Dans de pareilles conditions, aucune bête de somme : cheval, mulet, bœuf, ni même éléphant, ne résisterait. Ce n'est, le plus souvent, ni le climat, ni les maladies qui sont la cause de leur mort, mais simplement les excès de fatigue et la mauvaise nourriture.

Nous ne doutons pas que si, d'ici à quelques années, un nouvel essai d'introduction d'éléphants asiatiques apprivoisés était fait pour la domestication de l'éléphant africain sauvage, cet essai donnerait d'heureux résultats.

Celui tenté, en 1879, du côté de Zanzibar, n'a pas répondu à l'attente de son promoteur. Des quatre éléphants qui ont été dirigés vers Karéma, trois sont morts en route. Néanmoins, les hommes compétents considèrent la question comme théoriquement résolue et entrevoient la possibilité d'introduire avec succès, d'Asie en Afrique, un certain nombre d'individus dressés, pour capturer et apprivoiser l'espèce sauvage de l'Afrique centrale. Au moment où des travaux publics de tout genre vont devoir être entrepris le long du Congo, l'arrivée de cet intéressant auxiliaire serait des plus utiles.

Le gouvernement britannique de l'Inde emploie l'éléphant, à la fois dans les services civils et militaires. Il en fait l'auxiliaire des grands travaux publics : le service des ponts et chaussées surtout en emploie un grand nombre. Ils concourent également aux opérations de la triangulation, au service du télégraphe, au déboisement des forêts, etc. ; les grands propriétaires en font usage comme monture de voyage, surtout dans les provinces montagneuses, où les chemins sont rares ou mauvais.

Dans l'armée, ils rendent des services non moins importants, principalement dans le train et dans l'artillerie. Ainsi, l'armée des Indes compte deux batteries de pièces de 18, attelées d'éléphants, et à Calcutta ce sont encore ces animaux qui manœuvrent les grosses pièces de rempart du fort Guillaume. Enfin, dans les marches, ils portent les bagages et l'équipement des camps. On se rappelle que l'expédition d'Abyssinie, en 1868, à laquelle prirent part 44 éléphants des Indes, fut pour eux une épreuve, dont ils sortirent avec honneur. Les rapports des officiers qui avaient les éléphants sous leurs ordres directs sont d'accord pour traiter d'*admirable* la manière dont ils s'acquittèrent de leur tâche [1].

[1] Sur l'habitat de l'éléphant en Afrique, l'histoire de l'éléphant de guerre dans l'antiquité africaine, l'éléphant dans l'Inde, les trois essais d'utilisation de l'éléphant indien en Afrique, les moyens de capture et de domestication, etc., etc., voir : *L'éléphant d'Afrique et son rôle dans l'histoire de la civilisation africaine,* par A.-J. Wauters. (*Bulletin de la Société belge de géographie,* 1880, p. 150.)

CHAPITRE X

LES MARCHÉS ET LE COMMERCE AFRICAINS

Les marchés neutres du haut Congo. — La *tchitoka* de Nyangoué. — Les Wabouma du Koango. — Le commerce africain. — Résistance intéressée des tribus de la côte. — Une révolution économique. — La route qui marche.

L'INDIGÈNE de l'Afrique, a dit Stanley, est né commerçant [1].

Cette déclaration du voyageur américain à la Conférence de Berlin résume ce que nous ont appris les explorateurs africains des aptitudes commerciales des peuples de l'Afrique centrale. Tous, unanimement, sont d'avis que la pensée unique de ces populations primitives est tournée vers le

(1) *Déclaration de H. M. Stanley devant la commission technique de la Conférence africaine*, p. 8.

trafic, et tous, dans leurs ouvrages, dans les relations de leurs voyages, nous en fournissent les preuves.

« Les Africains de diverses nationalités paraissent nés pour le commerce, dit Robert Hartmann. Dans bien des pays, les chefs sont les premiers et même parfois les seuls négociants de la tribu; ils monopolisent complètement certains articles. Chez d'autres peuples, les marchands forment une classe particulière, dans d'autres encore, tout le monde s'occupe de commerce à son gré (1). »

« Ce sont de grands commerçants, dit Du Chaillu, comme toutes les tribus de ces contrées; et si une fois les fleuves s'ouvraient librement aux spéculations des blancs, la passion des indigènes pour le commerce aurait bientôt développé les abondantes ressources du pays. L'ardeur de ces sauvages africains pour le commerce me rappelle ce que l'on rapporte des âpres spéculateurs de l'Amérique de l'Ouest; c'est tout à fait l'esprit d'entreprise et le tempérament ardent qui distingue ces dignes personnages (2). »

Une preuve de leur esprit pratique, sous ce rapport, est l'attention qu'ils apportent à l'institution des marchés.

« Ces emplacements forains, dit Stanley en parlant de la place où se tiennent les marchés, en aval de Nyangoué sur le Congo, sont situés au bord du fleuve, à des intervalles d'environ une lieue. Ce sont des terrains neutres, libres de

(1) *Les peuples de l'Afrique*, p. 135.
(2) *Voyages et aventures dans l'Afrique équatoriale*, p. 213 et 438.

tout droit et que nul ne peut réclamer, pour son usage personnel, pas même le chef. On y vient des deux rives.

« La plupart sont de grands espaces herbus ombragés par des arbres énormes, à larges cimes étalées, et qui fourniraient d'admirables modèles à un artiste. Les jours de marché, la place est envahie par la foule. Des profondeurs de la forêt et de ses clairières, des îles et des pays environnants, les indigènes y arrivent avec une foule d'objets que leurs goûts ou leurs besoins leur ont appris à fabriquer ou à produire.

« L'animation la plus vive règne jusqu'à midi ; puis, tout à coup, la place redevient déserte, et l'aigle pêcheur, le faucon, l'ibis, le perroquet gris et le singe peuvent y voler, crier, hurler, sans que rien les inquiète [1]. »

A chaque instant, Stanley signale tel ou tel village, où se tiennent de grands marchés, généralement hebdomadaires. Livingstone aussi insiste sur l'importance des marchés :

« C'est dans le pays une grande institution, dit-il. Le nombre des gens réunis semble inspirer confiance ; ils se soutiennent mutuellement et se font rendre justice les uns aux autres. Règle générale, ils aiment mieux vendre au marché qu'au village ou ailleurs. Si vous leur dites : « Vendez-moi ce poulet, cette étoffe, » ils vous répondent : « Venez à la *tchitoka* (au marché) »...

« Il y a ainsi des marchés toutes les trois ou quatre

(1) *A travers le continent mystérieux*, t. II, p. 173.

lieues, marchés où l'on vient de très loin; car c'est ici une institution féminine, non moins entrée dans les mœurs que chez nous de courir les boutiques... Pour les femmes, c'est une fête; marchander, plaisanter, rire, triompher de l'acheteur ou du vendeur, c'est pour elles le bonheur de la vie. Elles y vont toutes joyeusement; au retour, plus d'une a la figure soucieuse. Il y en a beaucoup de belles et beaucoup de vieilles. Toutes portent des charges très lourdes... Les hommes viennent en grande toilette et apportent peu de chose (1). »

Et plus loin, le célèbre explorateur nous décrit le marché de Nyangoué, encombré, le 24 mai 1871, de plus de 3,000 personnes :

« Jour de marché. Quelle scène active! Chacun est plein d'ardeur; on ne perd pas beaucoup de temps à saluer les amis. Les marchands de poissons courent çà et là, portant des brochettes de petits silures fumés, enfilés sur des brindilles, ou d'autre fretin; ou bien des fragments d'écuelles remplis d'escargots, qu'ils échangent pour des racines de manioc, racines qui ont trempé dans l'eau pendant trois jours et qu'ensuite on a fait sécher; ou pour des pommes de terre, du grain ou des légumes; ou pour des bananes, de l'huile de palme, de la volaille, du sel, du poivre. Ils sont tous empressés de troquer des vivres pour des condi-

(1) *Dernier journal*, t. II, p. 130, 135, 144 et 145.

Le marché de Nyangoué.

ments, et chacun se débat, affirmant la bonne ou la mauvaise qualité de l'objet. La sueur perle sur tous les fronts, les coqs s'égosillent, même suspendus à l'épaule du vendeur, et la tête en bas; les cochons poussent des cris perçants.

« Des loupes de fer, étirées aux deux bouts, afin qu'on puisse juger de la bonté du métal, s'échangent contre un tissu fait avec des fibres de dattier.

« Une telle masse de denrées et d'articles de toilette ou de ménage troqués les uns contre les autres, souvent à plusieurs reprises, par trois mille personnes, doit procurer de grands bénéfices. Il y a là des gens qui viennent de vingt ou vingt-cinq milles.

« La scène est d'un naturel et d'un entrain inimaginables. Les hommes se promènent en coquebout, vêtus de jupons courts, largement plissés et de couleur brillante. Les femmes ont de grandes hottes en forme d'entonnoir, dans lesquelles se glissent les marchandises qui ne doivent pas être vues. Au-dessus des objets contenus dans le panier, elles portent tout un échafaudage de vaisselle, attaché aux épaules et retenu par une courroie qui passe sur le front; leurs mains, en outre, sont pleines. Jamais on ne ferait porter à un esclave la moitié du poids dont elles se chargent volontairement. Elles travaillent de bon cœur, faisant sonner leur poterie, pour montrer qu'elle est sans défaut, exposant leurs articles, en détaillant les qualités. Il faut voir et entendre avec quelle verve les choses s'affirment! Le ciel et la terre, toute la création prise à témoin de la vérité du fait. Et quel étonnement, quel mépris lorsque la marchandise est dépréciée, et quelle insouciance quand l'acheteur s'éloigne!

« Des petites filles vendent de l'eau à la tasse aux combattantes altérées, qui la leur payent avec de menus poissons.

« Ce spectacle m'amuse ; je ne comprends pas ce qu'elles disent; mais les gestes et les visages sont tellement expressifs, qu'il n'y a pas besoin de paroles. Tout cela se fait loyalement; en cas de différend, toujours facile à arranger, on en appelle au jugement des autres; ils ont tous un grand fonds d'équité naturelle [1]. »

C'est sur un de ces paisibles et joyeux marchés que, le 15 juillet de cette même année 1871, Livingstone vit s'abattre, le mousquet à la main, une bande de chasseurs d'hommes, conduite par l'arabe Dagâmmbé. En quelques minutes, plus de 400 personnes furent fusillées, autant se noyèrent dans le Congo et le restant, capturé, fut emmené en esclavage. Après quoi, la horde d'assassins mit le feu à 33 villages des environs. « Il m'a semblé que j'étais en enfer! » dit Livingstone, en relatant les péripéties de ce terrible drame [2].

Doit-on s'étonner, après de semblables massacres, que la population ne soit pas plus dense en certaines provinces; que la terre ne soit pas mieux et plus cultivée; que les

(1) *Dernier journal*, t. II, 146.
(2) *Dernier journal*, t. II, p. 156 à 164.

étrangers ne soient pas regardés avec un instinctif mouvement de terreur?

A Oudjiji, sur le Tanganîka, le marché se tient tous les jours. Lorsque le lieutenant Storms, chef de Karéma, y arriva en 1882, la scène était dans toute son animation. Il y avait là un millier de personnes vendant, outre les produits d'Oudjiji, de la poterie et des objets en fer de l'Ouvira, du tabac du Masangé, des objets en cuivre de l'Ougoma, du sel de l'Ouvinza, de la volaille, du sésame et du moutama de l'Ouha, des tissus en fibre de palmier du Manyéma. Les esclaves et l'ivoire se vendaient à domicile (1).

Tout centre un peu important a ainsi son marché. Le capitaine Hanssens signale, comme un des plus importants qu'il ait vus, celui d'Oubangi, à l'entrée de la grande rivière Mboundgou-Liboko, qui se jette dans le Congo un peu en aval de la station de l'Équateur (rive droite) (2).

Il n'est pas rare de voir des caravanes nombreuses se rendant, soit par terre, soit par eau, à des mar-

(1) Rapport du lieutenant Storms commandant de Karéma.

(2) L'importance du marché d'Oubangi s'explique par la situation exceptionnelle de cette agglomération de villages. En effet, c'est en cet endroit que le Congo reçoit le plus important de ses tributaires : la grande rivière *Liboko* dont l'entrée ne mesure pas moins de 11,000 mètres de largeur et plus de 20 mètres de profondeur. Dans une étude sur l'hydrographie du centre de l'Afrique, nous avons, pour la première fois, émis et soutenu, à propos de cette rivière, une hypothèse assez hardie, mais que l'exploration pourrait bien confirmer : celle de l'identification du Liboko et de l'Ouellé, que certains géographes tiennent pour le cours supérieur du Chari, et que d'autres considèrent comme la branche initiale de l'Arouhouimi. Notre hypothèse bouleverse la formule hydrographique adoptée depuis longtemps pour la région inconnue située au nord du Congo.

(Voir le *Mouvement géographique*, 1885, n° 11, avec une carte.) A.-J. W.

chés parfois distantes de 25 à 50 lieues, pour y échanger les produits de leur culture ou de leur industrie contre les marchandises de la côte. C'est ainsi que l'on voit fréquemment arriver au Stanley-Pool de petites flottilles de 10 à 20 pirogues, fortement chargées, dirigées par les Wabouma, riverains du Koango.

Ils y débarquent leurs marchandises, leur voyage par eau étant forcément interrompu par les chutes de Ntamo et continuent par terre vers San Salvador. Ces Wabouma sont intelligents, industrieux et peut-être les meilleurs commerçants de cette région.

Les caravanes qui transportent à la côte l'ivoire recueilli dans l'intérieur, mettent souvent deux, trois et même quatre mois à exécuter leur voyage [1]. Avouons que des indigènes qui quittent ainsi leurs villages, pour se rendre à des marchés aussi éloignés, méritent qu'on prenne en très sérieuse considération leurs aptitudes commerciales.

Car il faut considérer ce que leur coûte de peine, de déboires, de frais et d'inquiétude un pareil trajet à travers les chaînes de montagnes, les vallées, les rivières, dans un pays sans routes, où à chaque instant un petit roitelet essaye de les arrêter ; s'il leur laisse, exceptionnellement, le passage libre, ce n'est que moyennant un droit toujours fort onéreux.

On ne se rend généralement pas compte de la manière dont

(1) *Quatre années au Congo*, p. 55.

se fait le commerce dans ces pays sauvages, où la route, cette première attestation de la civilisation chez un peuple, n'a pas encore fait son apparition ; ni des difficultés énormes que les commerçants de l'intérieur éprouvent à atteindre les marchés de la côte.

M. Du Chaillu en a fait un tableau très exact.

« C'est ordinairement par les cours d'eau, dit-il, les seules grandes voies du pays, que les divers articles d'exportation ou d'importation sont expédiés de l'intérieur ou à l'intérieur... Chacun de ces peuples s'arroge le privilège d'agir comme intermédiaire ou entrepositeur vis-à-vis de ceux qui lui sont contigus, et prélève pour ce service un droit de perception très lourd; aucune infraction à cette règle n'est tolérée, à peine de guerre. Ainsi, supposons qu'un nègre de l'intérieur, possesseur d'une dent d'ivoire ou d'un morceau d'ébène, ait besoin de l'échanger contre les denrées de l'homme blanc, jamais il ne se hasardera à les porter lui-même au marché. S'il était assez malavisé pour tenter une telle entreprise, ses biens seraient confisqués, et lui-même, tombé entre les mains de ceux dont il aurait attaqué le monopole, serait condamné à l'amende ou plutôt vendu comme esclave.

« Il est obligé, par les règles du commerce, de confier l'objet à quelque individu de la tribu voisine, plus rapprochée de la côte; celui-ci, à son tour, le transmet à quelque chef ou ami de la tribu suivante; et c'est ainsi que l'ébène, l'ivoire ou le bois rouge passe à peu près par une douzaine de mains avant d'arriver au comptoir du négociant du littoral...

« Chacun peut voir le vice de ce système et les entraves qu'il apporte fatalement à l'établissement d'un commerce régulier dans un pays si riche en produits de diverses sortes, devenus presque indispensables aux nations civilisées. Les malheureuses tribus de l'intérieur sont tenues, par leurs voisins, dans la plus profonde ignorance de ce qui se passe à la côte; on les excite à ajouter foi aux contes les plus absurdes et les plus horribles, sur la cruauté, la duplicité et la fourberie des négociants blancs...

« La conséquence de tout ceci, c'est que les tribus de l'intérieur, qui possèdent le territoire le plus productif, n'ont rien ou presque rien qui les aiguillonne et qui les pousse au commerce. Pourquoi, en effet, s'approvisionner d'ivoire, d'ébène, de bois rouge ou d'autres objets, quand on ne doit en retirer qu'un prix si modique, et cela à des époques incertaines, souvent très éloignées? Car des années entières s'écoulent parfois avant que ces malheureux trouvent le placement de leurs denrées. C'est ainsi qu'ils se découragent et qu'ils restent forcément plongés dans leur barbarie originelle et dans l'inaction [1]. »

C'est à cette barrière, élevée par les tribus de la zone maritime contre toute tentative de progrès et de débouchés des

(1) *Voyages et aventures dans l'Afrique équatoriale*, p. 11.

tribus de l'intérieur, qu'il faut attribuer aussi la stérilité des efforts tentés par les explorateurs blancs pour pénétrer dans l'Afrique centrale, par la côte occidentale, entre le Niger et le Coanza. Tous les essais ont échoué, quelque bien organisées qu'aient été les expéditions de Tuckey, de Compiègne et Marche, de Grandy, de Güssfeld, de Capello et Ivens. Ce n'est que dans ces dernières années que l'expédition française a réussi à atteindre le Congo, par l'Alima, et cela, non sans avoir à livrer de sanglants combats aux Apfourous; que les voyageurs allemands ont su pénétrer jusqu'à l'empire du Muata-Yamvo; que Stanley et les explorateurs belges, enfin, ont pu remonter le Congo jusqu'aux Stanley-Falls.

« Il y aurait un immense avantage, écrivait il y a une dizaine d'années M. Jeannest, à pouvoir pénétrer dans l'intérieur en partant du Congo ou de Kinsembo. Malheureusement, les naturels de la côte s'y opposent par tous les moyens, et, il faut l'avouer, ils sont assez logiques dans leur résistance.

« Ils ne produisent rien, ne cultivent pas la terre et ne vivent que du courtage qu'ils prélèvent en vendant aux blancs les produits qui leur sont apportés. Si nous avancions dans les terres, nous pourrions traiter directement avec les producteurs, et alors, eux, privés de la commission qui les fait vivre, mourraient de faim.

« Si maintenant on réfléchit que ces produits sont passés, de main en main, à chaque établissement que les blancs fonderont plus avant, ceux-ci se buteront au même obstacle [1]. »

Ces obstacles sont les mêmes pour les peuplades de l'intérieur, qui, elles aussi, cherchent à s'affranchir des intermédiaires, pour pouvoir commercer directement avec les Européens.

« Et par intermédiaire, dit M. Daumas, à qui ses longues années de séjour au Congo donnent une grande autorité, il faut comprendre non seulement l'entremetteur indigène qui, sur les points où sont établis les comptoirs européens, impose son office intéressé aux traitants arrivant de l'intérieur, mais aussi toute la série de tribus sur le territoire desquelles, aller et retour, ces malheureux ont à passer, et qui toutes les pressurent, les rançonnent, les pillent quelquefois et les maltraitent toujours.

« Or, dans des régions dépourvues de bêtes de somme, où tous les transports se font à dos d'homme, et conséquemment par poids et valeur relativement minimes, que l'on imagine ce que cette longue exploitation laisse finalement aux mains du malheureux producteur ! C'est-à-dire qu'une fois de retour chez lui, c'est tout au plus s'il rapporte un maigre souvenir de son long et pénible voyage.

« Les inconvénients d'un pareil état de choses sautent aux yeux de tout le monde : c'est la paralysation de la production, c'est l'obligation pour le traitant, qui vient de loin, de

(1) *Quatre années au Congo*, p 67.

s'adonner exclusivement au commerce de l'ivoire et de la cire, qui sont les deux seuls produits riches de l'intérieur; c'est, enfin, de perpétuer les habitudes de paresse et de rapine des intermédiaires, qui, au lieu de travailler, trouvent plus commode de vivre aux dépens de leurs tributaires.

« Mais vienne un gouvernement ouvrant, au moyen de quelques travaux, une ou plusieurs voies fluviales donnant libre accès dans l'intérieur... Immédiatement les choses changeront d'aspect; de difficiles, onéreux et limités, les transports deviendront faciles, économiques et s'étendront à tous produits, riches et pauvres; la production, stimulée désormais par cette double perspective de l'affranchissement de l'intermédiaire et de l'écoulement rémunérateur, s'accroîtra rapidement et dans des proportions considérables; l'intermédiaire lui-même, privé de ses anciens moyens d'existence, sera obligé de renoncer à son rôle de parasite et de travailler pour vivre; ce sera enfin une véritable révolution économique, car qui pourrait dire jusqu'à quel point et sur quelle variété de produits ces résultats s'étendront [1]? »

Depuis que ces lignes ont été écrites, une grande entreprise a vu le jour, une grande conquête a été réalisée. La persévérance d'une poignée d'hommes énergiques a eu raison de la nature et des hommes entre Vivi et le Stanley-Pool, et le fleuve, cette route qui marche, suivant le mot de

(1) *Exposé sur le présent et l'avenir de l'Afrique centrale*, p. 5.

Pascal, a porté les navires des blancs jusqu'au cœur même de l'Afrique.

La résistance est vaincue.

Rien ne s'oppose plus à ce que le commerçant de la côte trafique *librement* et *directement* avec les producteurs de l'intérieur.

Type des habitations des stations.

CHAPITRE XI

LA CONSOMMATION AFRICAINE DANS SES RAPPORTS AVEC L'INDUSTRIE EUROPÉENNE

Les articles d'exportation : les cotonnades, les armes, la poudre, les spiritueux, la verroterie, les vieux habits, la chapellerie, le corail, la ferronnerie, la cuivrerie, la quincaillerie, la verrerie, la poterie, la faïence, la coutellerie et la bijouterie. — Les *guinées* des Flandres. — Les chargements de la maison Cuvelier et fils. — Les armes de Liége. — La Belgique et le Congo.

QUELS sont les goûts des populations indigènes qui habitent le bassin du Congo? Quels sont leurs besoins?... Étant reconnu leur vif penchant pour le trafic, quels sont les articles manufacturés d'Europe qui, pour le moment, ont le plus de chance d'être échangés, avec profit, contre les matières premières du sol, contre l'ivoire et la cire?...

Il est assez facilement explicable que ces marchandises n'ont jusqu'à présent été que des articles grossiers et à bon marché; les ressources individuelles des noirs sont bornées, leurs besoins ne sont pas épurés, leurs exigences ne sont pas bien grandes. Mais que ces peuples, qui, comme tous les peuples primitifs, sont assez naturellement vaniteux et amoureux de la parade, apprennent que, par le travail, ils produiront assez pour pouvoir se procurer certaines fantaisies luxueuses, et ils travailleront pour acquérir. Déjà cent exemples sont là qui le prouvent.

L'Européen aura alors, par son intervention, commencé la réalisation de son double programme économique : activer en Afrique la production des richesses du sol et ouvrir des débouchés à ses propres produits.

Les articles principaux qui, actuellement, concourent aux chargements des navires frétés pour le Congo sont les suivants :

1° **Les tissus.** — L'étoffe courante est le coton écru, qualité tout ordinaire, transparente, connue sous le nom de *white baft*. Elle est expédiée par pièces de 18 yards, en 24 plis. Elle sert d'étalon au Congo. On en emploie des montagnes.

Puis vient la cotonnade rouge Andrinople; des mouchoirs rouges, ou rouge, blanc et noir, ou jaunes, à grands dessins;

les verts et les bleus ne sont pas demandés. D'autres tissus très demandés sont les *savedlist*, baie rouge et bleu unie. Même empressement des nègres pour les tapis de pieds dits « descentes de lit », pour les camisoles et les caleçons en tricot.

Tous ces articles, qui sont en majeure partie de provenance anglaise, sont de grande consommation. « Un filateur de Manchester, dit Stanley dans son nouvel ouvrage [1], verrait dans les magasins hollandais de Banana de quoi le faire pleurer de joie, car il y a bien là, empilés en balles, à une hauteur immense, un million de mètres de coton, des qualités les plus fines aux qualités les plus ordinaires... Les filateurs de Rochdale, à la vue des quantités de cotonnades rouges et bleues entassées ailleurs, regretteraient à coup sûr que le nombre des entreprenantes compagnies hollandaises qui leur achètent les produits de leurs métiers, pour les répandre sur le vaste continent africain, ne soit pas plus considérable. »

2° **Les armes.** — Les fusils et la poudre sont les articles d'échange les plus estimés des nègres.

Liége a pour ainsi dire le monopole de la fourniture des fusils. Ce sont de vieux modèles, provenant des arsenaux de France, de Belgique, d'Allemagne. Tous sont à

(1) *Cinq années au Congo. — Voyages. — Explorations. — Fondation d'un État libre*, traduit de l'anglais par M. G. Harry. (Un volume in-8° illustré, en préparation à l'Institut national de géographie de Bruxelles.)

pierre, ce genre, seul, ayant cours à la côte. Outre que les autres sont trop chers, les indigènes n'en sauraient faire usage, attendu qu'ils ne peuvent se procurer facilement des cartouches; tandis qu'ils peuvent toujours trouver des silex.

Aux fusils, il faut ajouter aussi, mais en petite quantité, des sabres pour les chefs, et des pistolets d'arçon, à pierre.

3° **La poudre.** — Elle est expédiée au Congo par petits barils de 3, 4 et 6 livres anglaises. C'est, en général, du déchet de poudre de guerre. Le littoral africain en fait une consommation énorme, tellement grande, qu'au premier abord, elle fait tenir ces indigènes, gens en général fort paisibles, pour les hommes les plus belliqueux et les plus batailleurs du monde. Il n'en est rien. La grande consommation de la poudre a, au Congo, une autre cause : toute cérémonie, qu'elle soit joyeuse ou triste, est accompagnée de décharges de mousqueterie; les funérailles surtout donnent lieu à une consommation de poudre extraordinaire.

« Dans ces parages, dit Stanley, les indigènes honorent de cinq salves la dépouille de chaque enfant, de dix salves les restes d'une femme, de vingt salves la sépulture d'un homme; tandis que parfois dix ou douze barils de poudre ne suffisent pas aux honneurs qu'on rend au cadavre d'un chef. Consacrée à des usages aussi inoffensifs, la redoutable substance n'apparaît plus que comme un bienfaisant élément de commerce [1]. »

(1) *Cinq années au Congo*, p. 39.

3° **Les spiritueux.** — Toutes les relations des voyageurs nous montrent l'indigène de l'Afrique fortement enclin à l'ivrognerie et ne sachant rien refuser pour une bouteille de tafia.

Aucune transaction possible, en Afrique, sans spiritueux. La bouteille de gin est le complément obligé de tout *paquet* (1).

Le *gin* est expédié en caisses de 12 bouteilles. Le *tafia* se débite sur les lieux, à la pipe; il est préparé là-bas; c'est du genièvre coloré au caramel, et dont le goût est relevé par des grains d'anis.

Il se vend aussi des liqueurs de traite, telles que le curaçao et l'anisette. Elles sont contenues dans de petites bouteilles, ornées de tapageuses étiquettes multicolores.

4° **La verroterie.** — Il se fait une grande consommation de perles de toutes couleurs et de toutes formes, variant suivant la mode du jour. La perle bleue octogonale commune sert d'étalon. Elle est échangée par collier de cent. En général, la verroterie est un article de provenance allemande, fourni par la Bohême.

(1) On appellé *paquet* l'équivalent, en marchandises, d'un bon de perles. Un linguister ayant un bon de vingt mille perles peut, par exemple, former un *paquet* de la manière suivante :

1 fusil	soit	12,000	perles.
1 pot à eau	—	3,000	—
6 yards de cotonnade ou 6 bouteilles de tafia. .	—	4,000	—
1 cadenas	—	1,000	—
	Soit	20,000	perles.

Les combinaisons varient à l'infini.

5° **Les vieux habits**. — Voilà, certes, un article d'importation dont ne se doutent guère les personnes qui ne sont pas initiées aux secrets du commerce africain. Ce que la côte occidentale d'Afrique consomme de vieux habits, de vestons passés, de redingotes usées, de fracs hors d'usage, de tuniques d'uniformes démodées, est inimaginable. Les anciens uniformes rouges ou bleus des soldats anglais ou français trouvent là un placement admirable. Les vieux habits galonnés et chamarrés sont extrêmement demandés. Il n'est pas de frac, quelque usé qu'il puisse être, qui ne trouve amateur au Congo. On en jugera par le passage suivant, dans lequel Stanley décrit le costume des chefs de Vivi, au moment où il arriva en cet endroit, en 1879 :

« A quatre heures du soir, dit-il, nous retournâmes à notre camp, sur la plage, pour conférer avec les chefs de Vivi. Entourés d'environ une quarantaine d'hommes armés, ces chefs me furent amenés par le souriant Massala (1), qui me les présenta tour à tour par ordre d'importance.

« D'abord, le doyen des seigneurs de Vivi, s'appelant Vivi-Mavoungou, de Barza Vivi, fils d'un père qui portait exactement le même nom. C'est un petit homme trapu et affligé d'un pied-bot. Il nous regarde de travers, d'un air de truculente bravade, qui voudrait être un air aimable et obséquieux. Il porte une livrée bleue de domestique, un bonnet

(1) Le chef Massala dont il est ici question est le même qui se trouve en ce moment à l'exposition d'Anvers, avec quelques hommes et femmes du bas Congo.

phrygien en tricot multicolore et un caleçon de nuance criarde.

« Vient ensuite Ngoufou-Mpanda, de Banza Sombo, vigoureux vieillard à cheveux gris, véritable Oncle Tom, vêtu d'une tunique rouge de soldat anglais, un chapeau de feutre brun, un caleçon à carreaux, un collier en poils d'éléphant enfilé de quelques reliques de fétiches, en guise de porte-bonheur. Des anneaux en fil de laiton ornent les chevilles de ce personnage. Il porte la main à son chapeau, se courbe pour me faire une révérence qui ne manque pas de grâce, et, à l'aide d'une jambe, il se gratte l'autre, comme les matelots.

« Puis on me présente Kapita, un chef de physionomie joviale, de taille grêle, enveloppé d'une tunique de soldat bleu foncé, les chevilles et le cou garnis comme les chevilles et le cou du précédent. Après un salut imitant également celui des marins, il se range pour faire place à Vivi-Nkou, dont les traits flétris, les yeux hilares, indiquent que la sobriété n'est pas sa maîtresse vertu. Celui-ci est vêtu d'une redingote noire et d'un chapeau de soie. En fait de caleçon, une ample jupe de laine écarlate.

« Enfin vient Benzani-Congo, un brave jeune homme bien découplé, portant un paletot brun foncé qui a évidemment appartenu jadis au domestique de quelque club de Londres, un caleçon en toile de coton à pois bleus et des anneaux en fil de laiton aux chevilles, aux poignets et au cou.

« Les hommes d'armes n'avaient pas mauvaise tournure. Les profits du commere leur avaient fourni les moyens de s'affubler d'habillements convenables, en calicot à dessins ou en calicot écru. Presque tous étaient coiffés d'une casquette de toile rayée, ayant la forme d'un prétentieux bonnet phrygien ; quelques-uns, mais le petit nombre, portaient de préférence le feutre anglais ou le chapeau de paille. Comme armes, des fusils à pierre portant la marque « Tower ».

« Si peu nombreuse que fût cette assemblée d'aborigènes de Vivi, elle me faisait espérer un brillant avenir pour l'Afrique, en supposant que, par un miracle de bonne fortune, je pusse parvenir à décider les millions de nègres de l'intérieur à se dépouiller de leur accoutrement d'herbes sèches, pour adopter des vêtements d'occasion européens, — tels qu'on en porte à White-chapel, par exemple. Quel débouché il y aurait là pour les vieux habits ! Les anciens uniformes des héros militaires de l'Europe, les livrées des laquais de clubs et de la valetaille attachée aux Pharaons modernes, les vieilles robes d'avocats, les habits usés des Rothschild, les sévères redingotes de mes éditeurs eux-mêmes serviraient à parer des chefs du Congo, qui s'y pavaneraient avec joie, les jours où ils auraient à se mettre en grande tenue, pour faire des visites de cérémonie.

« Depuis, l'expérience a entièrement confirmé mes premières prévisions : j'ai rencontré par milliers de noirs enfants de l'Afrique qui ne croient pas déroger en utilisant les vieux habits des pâles enfants de l'Europe, qui, au contraire, se donnent beaucoup de mal pour réunir de quoi acheter ces vêtements passés et en devenir les légitimes et fiers propriétaires (1). »

Notons ici que si l'habit européen est très goûté au Congo, notre pantalon, par contre, n'y a aucun succès.

6° **La chapellerie.** — Chapeaux de feutre mou, chapeaux de paille, vieux chapeaux de haute forme, etc.

7° **Le corail.** — Très demandé, mais à la condition expresse d'être véritable. Le nègre dédaigne la contrefaçon, qui a tant de succès en Europe. Le lieutenant Vande Velde a vu des indigènes donner 20 et 25 francs pour de grosses perles de corail. En grande quantité aussi, de petites perles de corail ordinaire.

8° **La ferronnerie.** — Instruments divers, tels que : houes, haches, pelles, marteaux; petites boîtes en fer-blanc peint; cadenas; lames de sabre, les indigènes se chargeant eux-mêmes d'y adapter une poignée en bois façonnée; vieilles ferrailles, cerceaux, etc.

9° **La cuivrerie.**—Les fils de laiton, en rouleau, et les fils de cuivre, en baguettes; et aussi les grands plats de cuivre minces, dits *Neptune*.

(1) *Cinq années au Congo*, p. 79.

10° **La quincaillerie.** — Articles variés : miroirs, sonnettes, grelots, — ornements distinctifs des chefs qui les attachent à leur ceinture, — clous de cuivre.

11° **La verrerie.** — Carafes, verres, vases de toutes formes et de toutes couleurs. Le verre-miroir, qui est chez nous un article de foire, a là-bas un énorme succès.

12° **La poterie et la faïence.** — Pots à eau de tous genres, de toutes formes et de toutes couleurs; plats et assiettes : celles-ci doublent de valeur lorsqu'elles sont ornées de figures ou de portraits. Le nègre aime à avoir chez lui l'image du *mondelé* (l'homme blanc).

13° et 14°. — Ajoutons, pour terminer, différents articles de **coutellerie,** tels que couteaux de table, à manche d'os, et de **bijouterie** en argent, tels que anneaux, bagues, boucles d'oreilles, épingles et bracelets, de qualité ordinaire.

D'où viennent ces montagnes de marchandises diverses entassées dans les magasins des grandes factoreries de Banana et de Boma ? De l'Angleterre d'abord, de la France et de l'Allemagne ensuite et aussi de la Belgique, car, quoi qu'on en dise en Belgique même, — en Belgique surtout, — notre industrie est en état de travailler et travaille pour le marché africain.

Nous en donnerons quelques preuves.

« De tous les produits européens qui arrivent au Sénégal, dit un rapport publié par le *Moniteur belge* [1], le plus en faveur auprès des indigènes est, sans contredit, la cotonnade bleue des Flandres, dite *guinée*. C'est au point que le gouvernement de la colonie française a cru devoir les frapper d'un droit onéreux, afin de favoriser les produits similaires de Pondichéry.

« Malgré cela, les *guinées* belges conservent le premier rang dans le trafic de la Sénégambie et les marques de fabrique de nos maisons gantoises Hooreman-Cambier et Parmentier-Van Hoegarden sont connues des indigènes jusque dans les contrées les plus reculées du Fouta-Djalon. »

N'est-ce pas là un renseignement précieux? Malgré les droits, malgré les frais nécessités par l'emploi d'un ou de deux intermédiaires, voilà les produits des fabriques gantoises battant la concurrence française, dans les colonies mêmes de la France!

Le Congo, lui-même, consomme depuis longtemps des produits de fabrication belge.

La maison Cuvelier et fils, de Saint-Gilles lez-Bruxelles, y envoie depuis quinze ans, en moyenne par an, quatre ou cinq voiliers d'environ 300 tonnes, de marchandises diverses, de fabrication belge. Ces navires sont frétés pour

(1) Numéro du 16 décembre 1879, p. 4278.

le compte d'une des maisons établies à Banana, et voyagent, par conséquent, sous pavillon étranger.

Les fusils — nous venons de le dire — sortent tous des fabriques de Liége. Il n'y a pas, au Congo, d'autres fusils de traite que les fusils liégeois.

Ne sont-ce pas là des preuves que pour plusieurs produits de première nécessité, au Congo, et de grand écoulement, certains grands pays étrangers sont tributaires de notre industrie ?

L'Angleterre elle-même, qui est incontestablement le pays du bon marché pour les cotonnades grossières, n'a pas la suprématie en toutes choses. Il y a tels articles d'exportation que le continent produit, si pas à meilleur compte, tout au moins à des prix égaux.

Il en est de même pour la France. Voici ce qu'écrit à ce sujet, non un fabricant belge, mais un exportateur français :

« Les armes et la poudre, dit M. Daumas, sont des articles de grand écoulement en Afrique.

« Or, dans ces dernières années, le gouvernement français a vendu comme il a pu, c'est-à-dire à vil prix, des quantités considérables de vieux fusils à percussion réformés, à charge d'exportation ; ce sont des étrangers, en grande partie des Belges, qui les ont achetés. Ceux-ci les ont pris pour les transformer à silex et les revendre ensuite pour l'Afrique, où les indigènes ne veulent que ce système. Aujourd'hui, les quelques rares maisons françaises qui travaillent avec ce pays, et, en général, tout le commerce africain, sont tributaires de Liége pour ces armes.

« La fabrication de la poudre est chez nous un privilège de l'État; il n'y aurait aucun mal à cela si ce dernier se tenait toujours à la hauteur des besoins commerciaux. Mais l'État, de sa nature plutôt grand seigneur que bon commerçant, règle lui-même à l'avance ses conditions, ses qualités, ses prix, son mode de barillage, et vous dit : C'est à prendre ou à laisser.

« Naturellement, on lui laisse; mais c'est pour le plus grand profit des pays voisins, où l'industrie de la poudre, bien que réglementée au point de vue de la sécurité publique, est en des mains privées qui, elles, savent se plier à toutes les exigences. Et comme ce n'est jamais par cargaisons complètes que la poudre s'expédie, il suit de là qu'en la prenant en pays étranger, il faut aussi y prendre le complément de chargement du navire destiné à la recevoir.

« Ces mêmes critiques pourraient être formulées contre les lois et règlements régissant en France le commerce des spiritueux étrangers. Ici encore, les nombreuses entraves apportées aux multiples manipulations dont les alcools sont susceptibles font trop souvent prendre et expédier de l'étranger (1). »

Est-il besoin d'ajouter que l'auteur, parlant ainsi de pays étrangers fournissant à l'exportation française certains produits de grande consommation, vise plus particulièrement la Belgique? Le passage suivant de son intéressant travail,

(1) M. Daumas : *Exposé sur le présent et l'avenir de l'Afrique centrale*, p. 17.

où il examine la position commerciale des diverses puissances en Afrique, le démontre clairement :

« Une nation petite par ses dimensions, dit-il, grande par sa valeur morale et industrielle, est également sur les rangs pour prendre sa place au soleil africain : c'est la Belgique.

« Là, un souverain digne du respect de tous s'est généreusement fait le promoteur des idées de civilisation en Afrique ; et joignant l'action à la parole, il a fait appel au concours de tous, pour rechercher les meilleurs moyens d'atteindre le but proposé. Sous son haut patronage, des fonds ont été réunis et un comité d'études a été formé. Cette société est actuellement à l'œuvre et ses agents ont déjà attaqué l'Afrique, les uns à l'est, par Zanzibar, les autres à l'ouest, par l'embouchure du Congo. Parmi les explorateurs se trouve le fameux Stanley [1].

« La Belgique est en situation de tirer grand profit de l'initiative de son souverain ; c'est, sans que peut-être elle s'en doute, un des pays les mieux placés pour pratiquer avec fruit le commerce d'Afrique : port admirable pour expédier, recevoir ou réexpédier, Anvers ; production variée et d'un bas prix remarquable, poudre, armes, cotonnades, spiritueux, cuivrerie, ferronnerie, etc. ; enfin, consommation importante des produits africains. »

(1) Depuis la publication de ce travail (octobre 1879), l'Association internationale du Congo a poussé ses reconnaissances et ses études jusqu'au centre du continent, la Conférence de Berlin s'est réunie, le libre échange a été proclamé dans toute la région de l'Afrique équatoriale et l'État indépendant du Congo a été fondé sous la souveraineté du roi Léopold II et reconnu par toutes les puissances.

Depuis lors, les nombreuses expéditions que l'Association internationale du Congo a dirigées vers la côte occidentale d'Afrique, les quarante stations qu'elle a fondées le long du Congo et du Kouilou et qu'elle a dû approvisionner de matériel et de marchandises d'échange, lui ont démontré combien l'industrie du pays est à même de participer avec succès au mouvement commercial, commencé au Congo par l'Angleterre, la Hollande et la France.

L'Exposition universelle d'Anvers, ouverte depuis quelques jours, démontre du reste que la Belgique, contrairement à l'opinion généralement accréditée dans le pays même, n'est pas restée étrangère au mouvement qui entraîne toutes les nations vers le continent africain.

En effet, à côté de tous les objets d'équipement, d'habillement et de campement fournis par les industriels du pays, on y peut voir les échantillons d'un grand nombre d'articles d'échange fabriqués en Belgique, et notamment : des tissus des fabriques de Gand, Saint-Nicolas, Courtrai et Termonde; des armes de Liége, des spiritueux de Bruxelles et d'Anvers, des faïences de Nimy, de la poudre de Wetteren et de Liége, des verreries du Val-Saint-Lambert, etc., etc.

L'Association internationale n'a jamais fait le commerce. Tous les articles qu'elle a envoyés au Congo étaient destinés à payer la nourriture de son personnel blanc et noir, ou les services rendus par les indigènes.

Ses besoins étaient donc forcément restreints ; et cependant, on peut constater à l'Exposition que le mouvement d'affaires auquel ils ont donné lieu a été relativement important.

On en peut conclure que le jour où des relations commerciales seront méthodiquement et énergiquement établies, les produits de l'industrie nationale trouveront au Congo un débouché de la plus grande importance.

Qu'il nous soit permis d'insister ici sur le côté plus spécialement belge de la question, car il ne saurait nous être indifférent que ce soient des Belges qui aient pris la part prépondérante dans la fondation du nouvel État et que ce soit notre roi qui en soit le souverain.

« La Belgique, dit-on, n'est pas outillée pour entreprendre de grandes affaires d'exportation africaine. »

Qu'elle ne le soit pas complètement, nous l'admettons; mais qu'elle ne soit pas apte, dans la situation présente, à s'outiller et à le faire rapidement, nous le contestons.

Nous venons d'énumérer les articles que réclame le trafic africain. Or, bon nombre, et non des moins importants, peuvent être fournis par la Belgique, à des prix défiant la concurrence. Il est vrai que pour d'autres, elle sera tributaire de l'industrie étrangère; mais y a-t-il un pays industriel au monde qui soit à même de tout produire chez lui ?

D'autre part, si nous considérons l'importation des produits africains, nous trouvons que la production du Congo consiste précisément en articles auxquels le marché belge est particulièrement propice : huiles de palme et d'arachide, caoutchouc, café, bois de teinture, copal, cire, etc., toutes matières premières dont l'emploi est courant et général. Au surplus, la vente de quelques-unes d'entre elles laissât-elle momentanément à désirer, il y aurait toujours la ressource infaillible des marchés voisins, ressource dont ne se privent pas les autres nations; car, remarque essentielle à faire, aucun des pays travaillant avec l'Afrique n'est apte, par lui-même, ni à tout produire, ni à tout consommer.

On peut même dire que, en cas de vente ou d'achat à l'étranger, la Belgique jouirait d'un avantage marqué sur ses rivaux, d'abord à cause de l'admirable situation d'Anvers, placé bien autrement au centre du monde industriel et consommateur européen que Lisbonne, Liverpool, Hambourg et Marseille; ensuite par son magnifique réseau de voies de communication économiques.

Il y a aussi à envisager ici la question des chefs à mettre à la tête d'une pareille entreprise. L'expérience de six années que vient de faire au Congo l'Association internationale, nous prouve que les hommes d'initiative et d'énergie ne nous font pas défaut. Nous n'avons pas peur de le dire ici, certain que nous ne serons pas démenti par l'histoire: les agents belges des expéditions de l'Association sont sortis à leur honneur, à leur grand honneur, de l'entreprise — nouvelle pour la Belgique — dans laquelle ils s'étaient engagés. On saura bientôt exactement, par le livre de Stanley, la part prépondérante qu'ils ont prise à la fondation de l'État indépendant du Congo et l'appui efficace que leur chef a toujours rencontré parmi eux.

Près de cent Belges, enrôlés sous le drapeau de l'Association, ont été acquérir sur les côtes et dans le centre de l'Afrique, une précieuse expérience. Il y a là le noyau d'un personnel de premier ordre.

Reste la question des communications, des relations directes à établir entre la Belgique et la côte occidentale. Pour le moment, notre port d'embarquement pour l'Afrique est Liverpool, Rotterdam ou Lisbonne. Anvers, avant peu, aura aussi, nous en sommes certain, sa ligne directe de bateaux à vapeur africains. Déjà nous savons de bonne source que la grande maison Carl Woermann, de Hambourg, étudie la question de savoir si ses steamers africains n'ont pas intérêt à faire escale à Anvers. Au surplus, ceci est affaire à l'initiative privée. Une ligne nationale de steamers viendra naturellement et à son heure.

« Pour le moment, disait, il y a quelques semaines, M. Victor Arnould, — un publiciste qui n'hésite pas à se déclarer partisan d'une politique coloniale nationale, — ce qu'il importe, c'est que nous nous débarrassions de ce sentiment d'infériorité qui, depuis cinquante ans, nous fait croire que nous devons être nécessairement menés par les autres et que nous sommes incapables d'aucune grande initiative nationale... Ayons confiance en ce pays qui, en somme, a fait de si grandes choses et dont le mouvement économique, en cinquante ans, par la seule initiative individuelle, s'est accru, de quelques millions, à cinq milliards annuellement, en concurrence, pour la majeure partie, avec l'Europe, sur le marché européen lui-même. »

Sans vouloir discuter ici la question de la politique coloniale, reconnaissons que, sans nous donner les charges toujours lourdes d'une colonie, la fondation de l'Etat libre du Congo, sous le sceptre du roi des Belges, ouvre à la Belgique industrielle et commerciale un vaste champ d'action, digne de toute son attention et de toute son initiative.

CHAPITRE XII

LE MOUVEMENT COMMERCIAL

Le Congo il y a cinquante ans. — Les premières factoreries. — Les maisons européennes. — Chiffres de l'importation et de l'exportation. — La *Nieuwe Afrikaansche Handels-Vennootschap.* — La maison Daumas, Béraud et Cie. — Le port de Hambourg. — Les entreprises commerciales au Congo.

Le commerce avec le Congo est de création récente. Il y a cinquante ans, les rives du fleuve, et la côte où celui-ci débouche, étaient encore presque exclusivement adonnées à la traite des noirs. Le honteux trafic, grassement lucratif, primait tout, tenait lieu de tout, était fait ouvertement par ceux-là même qui avaient la mission de le réprimer.

« M. Gabriel, l'agent anglais, a vu en 1839, dit Livingstone, dans le havre de Loanda, trente-sept bâtiments négriers qui attendaient leur cargaison, protégés qu'ils étaient par les canons du fort (1). »

Depuis lors, l'occupation européenne, bien plus que les lois et les croiseurs européens, a petit à petit supprimé la traite de l'homme et obligé les indigènes corrompus de la côte, qui étaient dans ce commerce criminel les auxiliaires des négriers blancs, à se retourner progressivement vers les sources fécondes du travail honnête.

La première factorerie qui ait fait son apparition sur les bords du Congo est celle que la maison Régis et Cie, de Paris (Daumas, Béraud et Cie, successeurs), établie en 1855, sur la pointe de Banana, qui, depuis cette époque, est désignée sous le nom de *Pointe française*. Quatorze années après, arrivèrent les Hollandais, puis les Anglais et les Portugais.

Actuellement, les maisons européennes au Congo sont au nombre de cinq, savoir :

1° La *Nieuwe Afrikaansche Handels-Vennootschap*, de Rotterdam. Cette maison est de beaucoup la plus importante des cinq. Non seulement elle possède sur les deux rives du fleuve et le long de la côte de nombreuses succursales, mais elle y a aussi quantité de petits comptoirs, généralement dirigés par des Portugais, qui ne sont, en réalité, que ses dépôts. Il y a actuellement, entre Banana et Noki, 35 factoreries, où l'on ne vend aux noirs que des marchandises importées par la maison de Rotterdam. C'est à Banana que

(1) *Explorations dans l'Afrique australe*, p. 395.

réside l'agent principal de la Société; en ce moment, c'est M. Fontaine qui a remplacé M. de Bloeme. Les autres factoreries principales sont à Boma et à Noki, sur le fleuve; à Vista et à Landana, sur la côte;

2° La maison Daumas, Béraud et Cie, de Paris, à qui revient l'honneur d'avoir fondé, en 1855, le premier établissement européen sur les rives du Congo. Actuellement, la maison Daumas possède, le long du Congo jusqu'à Noki, sur la côte et même dans l'intérieur des terres, jusqu'à San Salvador, douze comptoirs. L'agent principal réside à Banana;

3° La maison Hatton et Cookson, de Liverpool, qui a sa factorerie principale à Boma;

4° La *Central African Trade C°*, société anonyme dont le siège était à Lisbonne et qui comptait parmi ses fondateurs des capitalistes anglais et portugais. Elle vient, tout récemment, de se reconstituer, sous le nom de *British Congo C°*, au capital social de 2 1/2 millions de francs, et de transférer son siège à Manchester. Elle possède 9 factoreries sur le Congo et 2 sur la côte (maison principale à Banana);

5° La maison Valle y Azevedo, de Lisbonne, qui est la seule firme portugaise indépendante établie sur le fleuve.

Aucun gouvernement civilisé n'ayant jamais fonctionné au Congo, et le commerce n'y étant, par conséquent, soumis à aucun contrôle, aucune statistique officielle ne nous donne le chiffre des importations et des exportations annuelles.

Nous en sommes réduit, pour apprécier le mouvement

commercial de l'Europe avec ces pays neufs, de nous contenter des rares données révélées par les chambres de commerce.

Celle de Manchester, dans son dernier rapport annuel, de même que la *British Congo C°*, dans sa circulaire de fondation, mettent en avant le chiffre global de 70 millions de francs. C'est celui donné par Stanley, dans ses conférences de Londres, Manchester et Glascow.

Les deux lignes de steamers de Liverpool : la *British african steam navigation C°* et l'*African steam ship C°*, accusent, de leur côté, un trafic d'environ 12 millions de francs.

En Hollande, la société de Rotterdam envoie en moyenne, chaque année, au Congo vingt bâtiments : 5 vapeurs et 15 voiliers, qui y importent 13,500 tonnes de produits divers, la plupart anglais, et en exportent un chiffre un peu moindre.

Le chiffre exact des exportations du Congo à Rotterdam, en 1883, nous est révélé par le *Rapport de la chambre de commerce* de cette ville (p. 49). En voici le détail :

Amandes de palme . . .	3,310	tonnes.
Arachides	1,887	—
Huile de palme	1,758	—
Café	1,510	—
Graines de sésame. . . .	436	—
Caoutchouc.	249	—
Bois de teinture	62	—
A reporter. . .	9,212	tonnes.

Report. . .	9,212	tonnes.
Riz	57	—
Copal	54	—
Cire	27	—
Coprah	20	—
Orseille	15	—
Ivoire	15	—
Peaux	14	—
Total. . .	9,414	tonnes,

évaluées à plus de huit millions de francs.

La maison Daumas, Béraud et Cie, de Paris, charge en moyenne, chaque année, 11 voiliers de 400 tonnes.

Pour ce qui concerne le mouvement du port de Hambourg avec le Congo, nous manquons de chiffres détaillés, mais les statistiques officielles nous donnent le mouvement d'ensemble de ce port avec toute la côte occidentale d'Afrique. Elles démontrent éloquemment l'attention active que les maisons allemandes ne cessent de porter de ce côté et les progrès extraordinaires qu'elles y réalisent.

Voici le mouvement de ce port avec la côte occidentale, en 1872 et en 1883 :

	Sortie.		Entrée.	
	Navires.	Tonnes.	Navires.	Tonnes.
1872	35	8,668	22	5,888
1883	84	41,554	45	33,920

Ce dernier tonnage se traduit par une somme de 11 1/2 millions de francs.

Ce magnifique développement du commerce allemand est dû en majeure partie à l'initiative de la maison C. Woermann, qui possède actuellement 12 factoreries le long de la côte d'Afrique, de Victoria à Rudolfstadt.

Tels sont les chiffres connus.

Si maintenant nous considérons :

1° Que ce mouvement d'affaires, déjà important, ne date que de vingt-cinq ans;

2° Qu'il n'est obtenu que par l'échange d'un nombre très restreint de produits africains;

3° Que les arachides et les sésames seuls sont, dans le bas Congo, l'objet d'un rudiment de culture ;

4° Que l'ivoire et la cire sont les deux seuls produits riches et transportables, dont quelques rares tribus de l'intérieur trafiquent avec la côte ;

5° Que ce trafic n'est fait, en réalité, jusqu'ici, qu'avec les populations du littoral.

Si l'on tient compte de toutes ces circonstances, n'est-il pas permis de grandement espérer en l'avenir de ce pays, fertile et riche, si l'on s'occupait à établir des moyens de communication par terre et par eau; si l'on réagissait contre l'abus des intermédiaires; si l'on assurait la sécurité aux cultivateurs et aux caravanes; si l'on apprenait à l'indigène la valeur des produits qu'il est à même d'exploiter avec tant de facilité; si, en un mot, l'on faisait participer à l'activité relative du bas Congo les districts momentanément improductifs du haut fleuve ?

C'est ce que se propose de faire le gouvernement de l'État indépendant du Congo.

Empressons-nous d'ajouter que, pour tirer de telles affaires le résultat qu'elles peuvent sûrement donner, il ne faut pas un essai timide, insuffisant. Toute entreprise commerciale ou agricole, au Congo, à moins qu'elle ne soit soutenue par d'imposants capitaux, est, pour longtemps encore, condamnée à avorter. Il faut actuellement, pour aborder une affaire de ce genre, un capital qui soit par lui-même une force morale et qui permette de pratiquer le commerce avec toute l'ampleur de ressource que comporte le progrès moderne.

C'est ce qu'ont compris les grandes sociétés de Rotterdam et de Liverpool, qui font avec le bas Congo des opérations sans cesse croissantes. Elles savent que les deux principaux élément de succès du commerce africain sont : 1° la célérité dans les mouvements de va-et-vient; 2° l'activité dans les opérations d'échange. Pour obtenir la célérité, il faut des vapeurs ; pour faire travailler utilement ces vapeurs, il faut avoir du chargement toujours prêt ; pour obtenir ce chargement, il faut, non seulement un personnel nombreux et une grande activité dans les transactions, mais encore un champ d'opérations étendu, car, pour le moment, l'Afrique n'offre partout que des marchés restreints.

Or, pour avoir des vapeurs, de nombreuses factoreries, un stock de marchandises et un personnel suffisant, de forts capitaux sont nécessaires. Les pays qui possèdent des colonies le savent.

L'ancienne firme anglo-portugaise *Central African Trade C°* vient de se reconstituer à Manchester, sous la dénomination de : *British Congo C°*, au capital de 2 1/2 millions de francs.

La *Nieuwe Afrikaansche Handels-Vennootschap* a été fondée à Rotterdam, en 1880, au capital de 4 millions de francs. Elle possède au Congo et sur la côte voisine, 80 factoreries, occupant environ 150 agents blancs, desservies par un service de 4 petits steamers et reliées à la mère patrie par un transatlantique, l'*Africaan.*

Ainsi outillée et dirigée par des hommes compétents, actifs et entreprenants, la société hollandaise voit, depuis quatre ans, ses opérations commerciales couronnées d'un plein succès.

Le « Stanley », de la flottille du haut Congo.

CHAPITRE XIII

NAVIGATION

Les compagnies réunies de Liverpool. — La ligne portugaise. — La ligne Woermann. — L'*African* et l'*Angola*. — La flottille du Congo.

Le Congo est régulièrement relié à l'Europe par cinq lignes de bateaux à vapeur :

1° La ligne des deux compagnies réunies de Liverpool : la *British and African Steam Navigation C°* et l'*African Steam Ship C°*. Il y a un départ de Liverpool vers la fin de chaque mois; les dates varient. Le voyage demande, en moyenne, de 45 à 50 jours. Les points d'escale sont : Madère, cap Palmas, Bonny, Fernando-Po, Vieux-Calabar, le Gabon, Loango, Black-Pointe, Landana et Banana. Les compagnies possèdent 24 bâtiments, jaugeant de 2,500 à 455 tonnes. Le voyage coûte, en 1re classe, nourriture comprise, 35 liv. st. (fr. 875); en seconde classe, 28 liv. st.

Pour toutes les informations, s'adresser à MM. Elder, Dempster et Cie, directeurs de la *British and African Steam Navigation Co*, 48, Castle street, à Liverpool, ou à M. Alexandre Sinclair, directeur de l'*African Steam Ship Co*, 31, James street, à Liverpool.

2° La ligne anglo-portugaise, *Empreza Nacional*, subventionnée par le gouvernement portugais. Elle appartient à une société de capitalistes anglais et portugais. Son siège est à Lisbonne. Le point de départ de ses bateaux est Hull, où l'on ne charge que des marchandises et du charbon. Les voyageurs s'embarquent à Lisbonne; le point extrême de la ligne est Mossamédès. Il y a un départ de Lisbonne le 6 de chaque mois. Le service est fait par cinq vapeurs, jaugeant de 2 à 3,000 tonnes et qui présentent tout le confort désirable. Ils sont commandés par des officiers portugais. Le voyage de Lisbonne à Banana se fait en 24 jours; prix : 31 liv. st. (fr. 775).

3° La ligne de bateaux de la maison C. Woermann, quittant Hambourg le 30 ou le 31 de chaque mois. Durée du trajet, 45 à 50 jours; prix : 30 liv. st. (fr. 750). Le service est fait par cinq bâtiments de 1,200 à 1,970 tonneaux. Elle dessert toutes les factoreries allemandes le long de la côte ouest jusqu'à Saint-Paul de Loanda, point extrême du voyage. Il est question que ces bateaux fassent escale à Anvers. Directeur de la ligne : Carl Woermann, Gr. Reichenstrasse, 27, à Hambourg.

4° La ligne de la *Nieuwe Afrikaansche Handels-Vennootschap*, de Rotterdam, spécialement créée par cette Société pour le service de ses factoreries du Congo et de la côte. Elle n'est desservie que par un seul bâtiment, l'*Africaan*, qui fait, en 21 ou 22 jours, le trajet entre Rotterdam et Banana, se bornant à s'arrêter quelques heures à Madère, pour faire du charbon.

5° Enfin, le steamer *Angola*, de la maison Hatton et Cookson, de Liverpool, fait le service entre ce port et Ambriz, reliant à l'Angleterre, les factoreries que cette maison possède sur le Congo et sur la côte de Loango et d'Angola.

La flottille à vapeur du Congo. — Le commerce européen a déjà, sur les eaux du bas Congo, pour le service de ses établissements, une petite flottille à vapeur plus importante qu'on ne le suppose en général.

Les factoreries de la maison hollandaise sont reliées et desservies entre elles par 4 embarcations à vapeur, qui sont : le *Prinz Hendrick*, le *Niemann*, le *Banana* et le *Morian*. Deux nouvelles embarcations sont en construction. La *Central African Trade C°* possède l'*Albuquerque*; la maison Hatton et Cookson, le *Cabinda*, et la maison Daumas, Béraud et Cie, le *Congo*.

A ces 7 embarcations, il convient d'ajouter celles de l'État du Congo, desservant les stations du bas fleuve, savoir :

1° Le *Héron*, steamer à hélice, jaugeant 114 tonneaux, d'une vitesse de 9 à 10 nœuds ;

2° La *Ville d'Anvers*, steamer à hélice, jaugeant 30 tonneaux, d'une vitesse de 8 1/2 nœuds ;

3° La *Belgique*, steamer en acier, à double hélice, jaugeant 30 tonneaux, d'une vitesse de 9 nœuds ;

4° L'*Espérance*, embarcation à hélice, jaugeant 8 tonneaux, d'une vitesse de 8 nœuds.

Le haut Congo a également ses embarcations à vapeur, au nombre de 7, savoir :

1° Le *Peace*, appartenant à la *Baptist Mission* du Stanley-Pool ;

2° Le *Henri Reed*, appartenant à la *Livingstone Inland Mission ;*

3° Une embarcation à vapeur de l'expédition française.

Enfin, les 4 petits steamers de l'État indépendant du Congo :

4° Le *Stanley*, steamer à roue d'arrière, jaugeant 30 tonneaux, d'une vitesse de 9 nœuds ;

5° L'*En avant*, embarcation à roues, jaugeant 9 tonneaux, d'une vitesse de 8 nœuds ;

6° Le *Royal*, embarcation à hélice, jaugeant 8 tonneaux, d'une vitesse de 9 nœuds ;

7° L'*Association internationale africaine*, embarcation à hélice, jaugeant 8 tonneaux, d'une vitesse de 7 nœuds.

C'est en décembre 1881 que la navigation à vapeur a été ouverte sur le haut Congo, par le lancement de l'*En avant*, sur les eaux du Stanley-Pool.

En résumé, 18 embarcations à vapeur, là où, il y a quelques années à peine, ne passaient que les pirogues indigènes et les bâtiments négriers, voilà un résultat significatif. La civilisation, qui pendant quatre siècles avait oublié le grand fleuve de l'Afrique centrale, y avance maintenant à pas de géant.

CHAPITRE XIV

LE CHEMIN DE FER DU CONGO

Les chutes Livingstone. — Les tracés : de Songata à Léopoldville ; de Noki à Léopoldville. — Le mouvement commercial de la ligne. — Chiffres du trafic.

La brève exposition des données qui précédent démontre qu'au point de vue des intérêts privés, il y a de grandes positions commerciales à prendre à l'embouchure du Congo, à côté des établissements que de hardies initiatives y ont déjà fondés. Il est évident que tous les efforts du gouvernement de l'État du Congo et de ses explorateurs vont avoir pour résultat inévitable d'améliorer et de développer, d'année en année, la situation économique du pays et de faire affluer, dans les ports du bas fleuve, les produits de l'intérieur.

Si, entre Vivi et Léopoldville, le Congo n'était obstrué par d'infranchissables rapides, il y a longtemps que la navigation à vapeur nous aurait mis en contact avec les peuplades du centre africain. Mais les chutes d'Yellala, d'Issanghila et de Ntamo ont arrêté net tout progrès dans cette voie.

Aujourd'hui qu'un gouvernement régulier s'établit à Banana, à Boma, à Vivi, le premier souci de ses chefs est de chercher à tourner ce formidable obstacle, afin de pouvoir, sans le moindre retard, ouvrir à la civilisation les plaines habitées, fertiles et riches du haut plateau, et en provoquer l'exploitation par l'organisation des transports.

L'instrument rapide et efficace d'un tel progrès, est, par excellence, le chemin de fer.

L'obstacle, on le connaît.

A quelques kilomètres au delà de Vivi se présente, dans un défilé profond et rocailleux, la chute d'Yellala et, en amont, sur un parcours d'environ 85 kilomètres, le fleuve reste inexorablement impraticable à la grande navigation. Près d'Issanghila, il reprend un calme relatif; bien que toujours hérissé d'obstacles, il permet, sur un peu plus de 128 kilomètres, un service de petits steamers, à faible tirant d'eau.

A Manyanga, nouvelle succession de chutes infranchissables, espacées sur une distance de 175 kilomètres environ, jusqu'à la sortie du Stanley-Pool, en face de Léopoldville. Au delà, le Congo et ses magnifiques affluents ouvrent largement au commerce un ensemble de voies navigables de plus de 500,000 kilomètres de développement [1].

L'obstacle à tourner s'étend donc sur un parcours de 380 kilomètres, avec une différence de niveau de 300 mètres.

En même temps que les agents de l'Association s'établissaient dans ces parages, le comité de Bruxelles donnait des instructions pour rassembler les renseignements nécessaires à l'étude des voies ferrées possibles, basées sur un mouvement commercial probable.

Deux mémoires, avec devis estimatif, tableau du trafic, etc., ont été présentés sur ce sujet spécial et intéressant. Stanley en a soumis un ; le capitaine Zboïnski, ingénieur honoraire des mines, en a soumis un autre.

Plusieurs tracés y sont proposés. La voie ferrée sera-t-elle fractionnée en deux tronçons réunissant : 1° Vivi à Issanghila (rive droite) et 2° Manyanga (sud) à Léopoldville (rive gauche) ?...

Ou bien, par la rive gauche, mettra-t-elle en communication directe le haut et le bas Congo, sans recourir à un système de navigation, toujours difficile entre Issanghila et Manyanga ?...

C'est un point à décider. Dans le premier projet, la tête de

(1) Voir le détail dans la *Déclaration de M. Stanley, à la Conférence africaine.*

ligne aval serait, sur la rive droite, Songata, Ikougoula ou Vivi, dans le second, un endroit à déterminer en amont de Noki, sur la rive gauche.

Le second projet aurait, sur le premier, les avantages multiples et considérables de pouvoir opérer les transports sans rompre charge à Issanghila d'abord, à Manyanga ensuite ; de traverser des plateaux beaucoup moins ravinés que ceux de la rive droite, très fertiles et, d'après les derniers rapports du lieutenant Valcke, extrêmement populeux ; enfin, de se rapprocher de la route pédestre des caravanes, de l'intérieur vers la côte d'Ambriz.

Par contre, au point de vue du coût, le premier tracé, étant de plus d'un tiers plus court que le second, nécessiterait une mise de fonds beaucoup moindre.

Quoi qu'il en soit, et sans plus nous arrêter à un point de la question qui attend sa solution d'études nouvelles, telles qu'ont connaît la persévérance, l'énergie et la générosité de l'auguste promoteur de l'œuvre du Congo et des hommes dévoués qui le secondent, tant en Europe et en Amérique qu'en Afrique, on peut prédire qu'avant cinq ans, la locomotive ira, de ses sifflets, réveiller les nègres endormis du Stanley-Pool.

Ajoutons que, de la part des indigènes, aucune difficulté n'est à craindre. Toutes ces peuplades sont douces et paisibles. Le long de la rive sud, elles ont une population d'une densité fort grande ; les villages, dit le lieutenant Valcke, se suivent sans interruption et leurs habitants sont pleins de bonnes dispositions à l'égard des blancs. On trouvera donc, là, sur les lieux mêmes, les bras nécessaires à la construction.

Tous les hommes compétents sont d'accord pour appeler de tous leurs vœux la réalisation d'une telle entreprise, affirmer sa possibilité et y voir la source d'une grande prospérité.

« Un chemin de fer jusqu'au Stanley-Pool, dit M. de Bloeme, sera un grand bienfait, non pas tant pour le présent, mais surtout pour l'avenir.

« Le commerce deviendra très important... Si le stock d'ivoire diminue par la suite, les noirs seront forcés de se procurer d'autres produits naturels, de cultiver la terre et de faire des plantations d'arachides et autres produits, parce qu'ils se seront habitués aux objets manufacturés d'Europe. Cela amènera un accroissement considérable de commerce [1]. »

M. Daumas, non plus, n'oublie pas le chemin de fer, dans ses aperçus sur les travaux de la première période d'exploitation :

« L'utilisation des grands cours d'eau navigables, dit-il, quelques curages, tronçons de route et de chemin de fer, pour faciliter le mouvement de va-et-vient avec l'intérieur, une certaine police de protection, judicieusement établie, voilà ce que comporte l'œuvre de colonisation des premiers temps [2]. »

Tous les voyageurs qui ont été mis à même de constater

(1) *Déclaration de M. A. de Bloeme devant la commission technique de la Conférence africaine*, p. 7.
(2) *Exposé sur le présent et l'avenir de l'Afrique centrale*, p. 6.

de visu les richesses et l'avenir du haut plateau africain, n'ont pas manqué de préconiser la construction d'un chemin de fer. Cameron proposait de le faire partir de Mombas, sur la côte orientale, et de le diriger, par l'Ougogo et Tabora, vers le lac Tanganîka.

« Une pareille ligne, dit-il, serait immédiatement productive; le commerce d'ivoire, tel qu'il se fait aujourd'hui à Zanzibar, non seulemenf suffirait à payer les frais, mais donnerait un bénéfice, sans qu'il fût besoin de compter sur l'accroissement du trafic; et il y a à Zanzibar, dans l'île et sur la côte, une quantité de négociants indiens qui partiraient sur-le-champ pour l'intérieur, s'ils pouvaient s'y rendre en droite ligne [1]. »

Inutile de dire combien la ligne du Congo serait plus courte, moins frayeuse et plus profitable. Stanley ne sait assez en faire valoir les avantages :

« Le bas Congo, avec le littoral adjacent, a-t-il dit à la Conférence de Berlin, a une longueur de 720 kilomètres. Ce développement produit un trafic annuel actuel d'une valeur de 70 millions de francs.

« Le haut Congo est beaucoup plus fertile que le bas Congo ; et comme il a un développement de rives de 18,500 kilomètres, il devrait produire, si le commerce y était dans la même proportion, un trafic annuel d'une valeur de 1,850,000,000 de francs [2].

(1) *A travers l'Afrique*, p. 528.

(2) *Déclaration de Stanley devant la commission technique de la Conférence africaine*, p. 9.

« D'après mes calculs, la quantité de marchandises et de produits dont les colonies françaises, les deux sociétés de missionnaires anglais, l'Association internationale et les caravanes indigènes ont besoin sur le haut Congo, est tellement considérable, que si on exigeait pour le chemin de fer le même prix que l'on paye actuellement pour le transport aux porteurs nègres, la somme obtenue donnerait un intérêt de 5 p. c., sur un capital de 20 millions de francs.

« Ce capital suffirait pour construire un chemin de fer léger, entre Vivi et Issanghila, quatre vapeurs, à 250,000 francs chacun, entre Issanghila et Manyanga, et un tronçon de chemin de fer de 139 kilomètres, entre Manyanga et Léopoldville.

« Si cependant il était nécessaire de construire une ligne directe de Vivi à Léopoldville, le prix en serait de 37 millions. »

D'après M. le commandant Zboïnski, qui, l'an dernier, a exploré pendant huit mois les districts de la rive droite et le fleuve jusqu'à Manyanga sud (2), le devis estimatif, les études et le service de l'exploitation, ainsi que le revenu

(1) *Déclaration à la Conférence africaine*, p. 12.

(2) M. le capitaine d'artillerie Zboïnski, ingénieur honoraire des mines, se recommandait à cette mission spéciale par ses travaux antérieurs. Il a successivement occupé les fonctions et rempli les missions suivantes : Ingénieur chef de section aux chemins de fer de Bruxelles-Lille-Calais et Hesbaye-Condroz ; sous-directeur des Charbonnages du Paradis d'Avroy et Boverie, à Liége ; directeur des travaux de canalisation du bas Escaut ; professeur de mathématiques rationnelles et d'astronomie mathématique à l'école militaire de Constantinople ; chargé du raccordement de la carte géologique du bassin houiller d'Héraclée (Asie Mineure) et de l'Attique (Grèce).

exigible d'une voie de communication entre Songata et Léopoldville ne s'élèveraient, en chiffres ronds, qu'à 15 millions, soit 5 millions de moins que dans le devis de Stanley (1).

Le revenu nécessaire pour couvrir les frais de l'exploitation, y compris le service du capital, les amortissements, le renouvellement du matériel et de la voie, devrait être de 5,250,000 francs; c'est-à-dire de 70 francs par tonne transportée, M. Zboïnski supputant que le trafic général serait annuellement de 75,000 tonnes (2).

Voici le tableau détaillé de l'exportation. En regard des quantités se trouve le prix moyen des produits, dont la valeur totale se chiffre par 38 millions de francs.

400,000	kilog.	d'ivoire, à 25 fr. le kilogramme . . . . . . fr.	10,000,000
950,000	—	caoutchouc, à 3 fr. 50 c. le kilogramme	3,325,000
500,000	—	gomme copal, à 2 fr. 50 c. le kilogramme.	1,250,000
255,000	—	cire, à 3 francs le kilogramme.	765,000
12,000,000	—	huile de palme, à 85 centimes le kilogramme . . .	10,200,000
12,000,000	—	amandes de palmiste, à 35 centimes le kilogramme.	4,200,000
23,670,000	—	arachides, à 32 centimes le kilogramme	7,574,400
225,000	—	divers (minerai, camwood, sésame, peaux, etc.) . .	685,600
50,000,000 kilog.		(3) Total. . . fr.	38,000,000

Nous n'entrerons pas ici dans les détails des frais d'ex-

(1) Premier tronçon de voie ferrée entre Songata et Issanghila, 110 kilomètres; service de navigation entre Issanghila et Manyanga sud (Ngombi), 128 kilomètres; deuxième tronçon de voie ferrée entre Ngombi et Léopoldville, 202 kilomètres; longueur totale de la voie de communication : 440 kilomètres.

(2) Le chiffre supputé du trafic annuel entre le Stanley-Pool et Vivi a été établi d'après les données des voyageurs et des chefs de factoreries.

(3) A titre de renseignements, nous donnons ici les prix de quelques produits

ploitation commerciale, d'établissement et d'administration, de fret à payer à la compagnie de navigation, d'assurances, etc., etc. Quelque considérables qu'ils puissent être, ils laisseront toujours sur les bénéfices réalisés, tant sur les marchandises d'Europe que sur les produits d'Afrique, un bénéfice largement rémunérateur.

Et puis, qui nous dit que ces chutes, qui sont aujourd'hui un obstacle, ne deviendront pas, un jour, une force, un générateur d'électricité dynamique, par exemple, propre à distribuer la lumière et la puissance motrice dans les provinces riveraines? Pourquoi l'électricité ne traînerait-elle pas les wagons de Vivi à Léopoldville?

Les chutes de Niagara ne fournissent-elles pas actuellement l'électricité nécessaire au fonctionnement de milliers de téléphones?

africains, d'après la circulaire commerciale de MM. Hutton et Cᵒ de Liverpool, en date du 8 mai 1885 :

Huile de palme : £ 27 5 s. à £ 27 10 s. la tonne;

Amandes de palmiste : £ 12 2 s. à £ 12 5 s. la tonne;

Graines d'arachides (décortiquées) : £ 12 à £ 12 10 s. la tonne;

Caoutchouc : thimbles, 1 s. 11 *d.* à 2 s. 1 *d.*; boules, 1 s. 6 *d.* à 1 s. 9 *d.*; langues, 1 s. 3 *d.* à 1 s. 6 *d.*;

Gomme copal (de Sierra-Leone) : 4 *d.* à 1 s. suivant qualité;

Cire : £ 6 17 s. 6 *d.* à £ 6;

Camwood : £ 17 à £ 21 la tonne;

Sandal : £ 3 10 s. la tonne;

Ébène : £ 7 5 s. à £ 9 5 s. la tonne;

Suif végétal : £ 26 la tonne;

Ivoire. Cette matière ne se vend aux enchères publiques de Liverpool que quatre fois par an. Voici les prix du dernier marché (avril 1885) : très belles dents du Gabon, du Cameroon et de l'Angola, variant comme poids de 70 à 93 liv. jusqu'à 56 liv. st.; belles dents du Niger, de 40 à 65 liv., de 42 à 48 liv. st. Les prix varient à l'infini, suivant les poids, les qualités et les provenances.

En exposant ici, à l'aide de quelques chiffres, la question du chemin de fer du Congo, nous avons simplement voulu montrer l'importance de l'entreprise, son intérêt, son avenir et la grande révolution économique qu'au plus grand profit de tous elle est appelée à provoquer.

Le jour où la flottille du *Comité d'études* a quitté le port de Banana, remontant le grand fleuve, en a marqué la première étape. C'était le 21 août 1879. Le lancement de l'*En avant*, sur les eaux du Stanley-Pool, en décembre 1881, en a été la deuxième.

Quand viendra la troisième?

Le jour où le premier train de marchandises européennes, pavoisé aux drapeaux de toutes les nations civilisées entrera dans la station de Léopoldville, ce jour-là l'œuvre du roi des Belges aura reçu son fleuron terminal.

SUPPLÉMENT

LE BASSIN DE L'OUELLÉ

D'après Schweinfurth

Fertilité. — Population. — Productions : cultures, ivoire, cire, fer, platine. — La route du Nil et la route du Congo.

Les découvertes récentes faites sur le haut Congo et ses affluents; la reconnaissance, par M. Grenfell, du confluent de la puissante rivière Liboko, au sud de l'équateur; l'hypothèse, que nous sommes le premier à formuler et d'après laquelle l'Ouellé ne serait autre que le cours supérieur du Liboko [1], ne nous permettent pas de laisser

(1) *Le dernier grand blanc de la carte d'Afrique. La question de l'Ouellé, hypothèse nouvelle*, avec une carte. (Voir le *Mouvement géographique*, n° 11, mai 1885.)

en dehors du cadre de ce volume, le bassin de cet immense tributaire du Congo.

Nous résumons donc, dans ce supplément, d'après le docteur Schweinfurth, qui arriva sur les bords de la rivière le 19 mars 1870, ce que le célèbre explorateur nous a appris du pays qu'il a été le premier à visiter et qu'habitent les Niams-Niams et les Mombouttous.

Fertilité. — A peine entré dans le bassin de la rivière, le docteur Schweinfurth constate le changement d'aspect et de flore. « Dans ce district intermédiaire, dit-il, entre les champs de céréales et les plantations de manioc et de bananiers, le sol, d'une fertilité merveilleuse, était cultivé, non seulement avec un soin remarquable, mais sur une étendue exceptionnelle [1]. »

Le voyageur ne se lasse pas de décrire la beauté majestueuse du paysage.

« Partout des rivières sans nombre, rivières profondément encaissées, que le drainage des terrains supérieurs fait couler en toute saison : de là une végétation incomparable. Les plantes qui, au nord de cette contrée, disparaissent au moment de la sécheresse, deviennent ici permanentes et s'ajoutent à la flore de l'équateur, d'où résulte une splendeur indicible, d'un caractère spécial. Pas une vallée, pas un ravin où ne déborde, en tous temps, le luxe des tropiques.

(1) *Au cœur de l'Afrique*, t. I, p. 476.

C'est l'étonnante richesse de la flore de Guinée et de celle du bas Niger : même diversité, même exubérance, même grandiose... (P. 460.)

« Rien de plus charmant que la promenade de ce dernier jour de marche. Jusqu'au dernier pas des 22 kilomètres que nous avions à franchir, le sentier nous conduisit à travers une région dont le paysage édénique est à jamais gravé dans ma mémoire. Les plantations de bananiers se mêlaient à des groupes d'élaïs, avec une telle harmonie, que la contrée tout entière ressemblait à un jardin. Des fougères sans nombre, couvrant les tiges des palmiers, rehaussaient le charme de ces bouquets des tropiques. Une atmosphère vivifiante — l'eau et le feuillage n'étant jamais loin — ajoutait aux délices de la route. Partout de la fraîcheur; devant chaque maison, d'énormes figuiers déployaient leurs cimes, que ne traversait pas un rayon de soleil... (T. I, p. 502.)

« Cette contrée — on ne se lasse pas de le dire — produit sur le voyageur l'effet d'un paradis terrestre. » (T. II, p. 97.)

Population. — S'il n'existe guère en Afrique de région plus belle, aucune, non plus, n'est plus habitée.

« Une chaîne ininterrompue d'habitations et de cultures, dit Schweinfurth, suivait la rivière. Partout se voyaient des femmes et des enfants, assis devant les portes de leurs jolies maisonnettes, et se livrant à leurs jeux ou à leurs travaux. » (T. I, p. 488.)

« Le pays semblait avoir beaucoup d'habitants; il en arrivait de toutes parts, soit pour nous offrir leurs volailles ou leurs services en qualité de guides, soit pour s'assurer de nos projets; c'étaient des allées et des venues, comme en Europe aux environs d'une fête de village. » (T. I, p. 468.)

L'explorateur estime à 48,000 kilomètres carrés le territoire des Niams-Niams, et sa population à 2 millions d'habitants; ce qui équivaut à la superficie de la Serbie et de la Roumanie réunies, avec la densité de la population de la Russie. (T. II, p. 3.) Dans celui des Mombouttous, la population est plus dense encore.

« Le territoire des Mombouttous, dit-il, ne semble pas avoir une aire de plus de 14,000 kilomètres carrés [1], mais il doit figurer parmi les régions les plus populeuses du continent. D'après ce que j'ai vu dans les districts que nous avons traversés, et où les cultures se succèdent d'une manière ininterrompue, où les hameaux se rencontrent à chaque pas, il doit compter au moins 250 habitants par mille carré, et sa population doit être d'un million d'hommes. » (T. II, p. 76.)

Soit 70 habitants par kilomètre carré, ce qui équivaut à peu près à la densité de la population de la France [2].

(1) Un peu moins que la moitié de la superficie de la Belgique.

(2) Des renseignements précis continuent à arriver des différents côtés, sur la population des rives du Congo et de ses affluents. M. de Laveleye, qui vient de traduire, en la résumant, la relation de voyage des missionnaires anglais Grenfell et Comber, publiée dans le *Missionary Herald*, donne certains chiffres intéressants : « La population de Mbousie sur le Koango s'élève à 3,000 âmes, sans compter de nombreux villages environnants... Les villages de Bolobo et de

« Ainsi que les Niams-Niams, les Mombouttous n'ont pas de véritables villages... Réunis par petits groupements, les habitations forment de grandes lignes interrompues, qui suivent les courbes des ruisseaux et des vallées; chapelets qui s'égrènent à mi-côte, séparés du fond, par des bosquets de bananiers, et dominés par des champs de patates et de colocase. Chaque famille occupe une section de la grande ligne et l'intervalle d'une section à l'autre est rempli d'élaïs. » (T. II, p. 104.)

Produits. — Les produits du bassin supérieur de l'Ouellé sont ceux du restant du bassin du Congo. C'est l'extrême limite nord-est de la région du palmier-élaïs, du

Moië, formés de plusieurs hameaux s'étendant sur un espace de près d'une lieue de long, comptent à peu près 5,000 habitants... Chez les Babangu, les villes sont grandes... A quelques lieues en amont de la station de Ngombo, MM. Comber et Grenfell arrivèrent à une série de grands et beaux villages. Le pays qu'ils traversèrent alors leur sembla le plus peuplé de toutes les parties du Congo qu'ils avaient vues jusque-là. La foule était énorme, des rassemblements de 400 à 500 individus se formaient partout. Les villages de cette contrée s'étendent au loin vers l'intérieur... Luanga semble aussi peuplé qu'Irebou. (*Revue de Belgique*, 15 mai 1885.)

De son côté, le lieutenant Coquilhat rapporte que, d'après les récits des trafiquants indigènes, le bassin de la rivière Loulemgou est « excessivement peuplé ». Il en est de même des bords d'une grande eau (?) que l'on signale au nord-ouest de la station des Bangala. M. le Dr Ballay, dans la conférence qu'il vient de donner à la Société de géographie de Paris, dit que les villages des bords de l'Alima sont extrêmement nombreux. (*Bulletin de la Société*, 1885, p. 284.) Même observation de la part de M. Destrain, pour la contrée située entre les fleuves Kouilou et Tchiloango, et de la part de M. Vande Velde, pour la région montagneuse et boisée, habitée par les Mayoumbé, entre le bas Congo et le Tchiloango. Enfin, nous l'avons dit, M. le lieutenant Valcke a trouvé sur la rive gauche du fleuve, le long des chutes Livingstone, une population d'une densité extraordinaire, une suite de villages presque non interrompue.

Par contre, on signale en certains endroits de grands districts inhabités, ou dont les villages sont abandonnés.

pandanus, du mûrier d'Angola. Ces beaux et utiles arbres sont complètement inconnus dans le bassin adjacent du Nil.

Dans les champs et les jardins, on rencontre le maïs, l'éleusine, le pénicellaire. « Parmi les tubercules, dit Schweinfurth, je notai l'iguame, l'helmie, la colocase, la patate, le manioc. Entre autres légumineuses : le catyang (*Vigna sinensis*), la voandzeia, le canavalia, le phaséole lunaire; comme plantes oléagineuses : l'arachide, le sésame et l'hyptis; puis le tabac de Virginie, la canne à sucre, le figuier rokko; enfin de nombreux bananiers. » (T. I, p. 476.)

Le voyageur constate également la présence, dans cette région, d'une espèce de muscadier et du ptérolabe santalinoïde, l'arbre à bois rouge de la côte de Loango, qui, mis en poudre, sert aux Niams-Niams et aux Mombouttous à composer un fard très estimé chez eux, pour se teindre le corps. (T. I, p. 479.)

Parmi les productions animales, les deux produits riches de l'Afrique centrale : l'ivoire et la cire, sont également abondants.

« Ici, comme on doit s'y attendre, écrit le docteur, l'ivoire n'est pas cher. Tandis que sur la côte de Guinée il faut des marchandises de toute espèce, de l'étoffe, des fusils, des couteaux, des miroirs, etc., le Niam-Niam se contente, pour le prix d'une défense, de la moitié d'une barre de cuivre, dont la valeur est de trois dollars. On y ajoute, il est vrai, un présent d'étoffe ou de graine de verre et le transport doit entrer en ligne de compte; mais le prix d'achat ne dépasse pas 5 p. c. du prix de vente sur les marchés d'Europe, où la livre d'ivoire, abstraction faite de la qualité, a une valeur moyenne de deux dollars [1]. Sur la côte occidentale, la dent d'éléphant, rendue au port, coûte de 80 à 85 p. c. de ladite valeur. » (T. I, p. 458.)

Chez les Mombouttous, le monopole du commerce de l'ivoire appartient au roi. « D'après la quantité d'ivoire que j'ai vue dans les magasins du roi, dit Schweinfurth, et qui provenait uniquement de la chasse des indigènes, la viande seule des éléphants tués dans le pays suffirait à l'approvisionnement du peuple. (T. II, p. 81.)

Comme l'ivoire, la cire est un des produits de l'intérieur les plus recherchés. « Celui qui persuadera aux habitants de l'Afrique centrale de ne plus manger la cire des ruches qu'ils dévalisent, rendrait à cette partie du monde un service qui en avancerait la civilisation. Pour ces contrées, dont, à l'exception de l'ivoire, les produits recueillis jusqu'à présent n'ont pas couvert les frais du transport, la cire, qu'on y trouve en si grande abondance, deviendrait une source de richesse.

« L'Abyssinie et le Benguéla sont aujourd'hui les seuls pays africains d'où le commerce tire cette précieuse matière; et rien que pour les pays orthodoxes de communion grecque,

(1) Ajoutons ici, aux renseignements statistiques des pages 58 et 59, qu'en 1876, la France a importé 152 tonnes d'ivoire. Nous avons dit que l'Angleterre en importe 550, dont une partie est réexportée. Sheffield est une des villes qui en consomment le plus; elle en emploie annuellement 200 tonnes. En 1878, un fabricant de cette ville a consommé à lui seul 2,561 défenses, soit la dépouille de 1,280 éléphants !

dont les églises ne brûlent que de la cire d'abeille, la demande est presque illimitée. (T. II, p. 145.)

Quant aux produits minéraux, le fer surtout est en abondance dans le pays. Le minerai de fer est une limonite de formation récente. « Elle est largement répandue, dit le voyageur, et donne au sol cette teinte rouge que semble offrir la majeure partie des hautes terres de l'Afrique centrale. (T. II, p. 79.)

« Les Mombouttous se sont naturellement livrés aux travaux de la forge et surpassent, à cet égard, tous les peuples dont j'ai traversé le territoire. Il en est ainsi de toutes les branches de l'industrie, où ils se montrent supérieurs, même aux Nubiens et aux Musulmans du nord de l'Afrique. Ce n'est pas en barres, mais en lingots de la grosseur du poing, que le fer est livré aux forgerons, et la promptitude avec laquelle ces artisans transforment cette masse brute en fer de bêche ou de lance, est réellement merveilleuse. » (T. II, p. 94.)

Schweinfurth parle aussi du platine, comme devant exister dans le pays. (T. II, p. 95.)

Le cuivre et le fer sont les seules valeurs qui aient cours dans le pays pour les échanges. Le seul genre de perles qui y soit apprécié est un grain de verre allongé, prismatique, de la dimension d'une fève et d'un bleu d'azur. (T. I, p. 458.)

« Les Mombouttous sont une noble race, dit Schweinfurth, des hommes bien autrement cultivés que leurs voisins, à qui leur régime fait horreur. Ils ont un esprit public, un orgueil national; ils sont doués d'une intelligence et d'un jugement que possèdent peu d'Africains et savent répondre avec bon sens à toutes les questions qu'on leur adresse. Leur industrie est avancée, leur amitié fidèle. Les Nubiens qui résident chez eux n'ont pas assez d'éloges pour vanter la constance de leur affection, l'ordre et la sécurité de leur vie sociale, leur supériorité militaire, leur adresse et leur courage. » (T. II, p. 85.)

En résumé, la région fertile, pittoresque, élevée et saine, qu'arrose l'Ouellé supérieur, paraît être l'un des pays les plus favorisés du centre de l'Afrique; sa population, extrêmement dense, intelligente et industrieuse, est une des plus intéressantes qui aient été observées.

Néanmoins, et en dépit des trésors d'ivoire qu'elle renferme et qui sont si bien faits pour tenter les traitants de Khartoum ou de Zanzibar, le trafic n'y est rien moins que florissant. La cause en est dans la situation centrale du pays et dans l'absence de toute voie de communication reconnue et ouverte. « Non seulement ces provinces sont à une grande distance de la côte, mais si loin des rivières navigables, qu'elles ne sauraient prendre part au commerce du monde. » (T. I, p. 459.)

Lorsque Schweinfurth écrivit ces lignes, il y a une dizaine d'années, il ignorait qu'à cent lieues au sud-ouest de la résidence du roi des Mombouttous, coulait le Congo. Se basant sur certains renseignements assez vagues, il crut alors que la grande rivière Ouellé, la seule artère navigable qui pût mettre ces peuples en relation avec les nations de la côte, aboutissait au lac Tchad, c'est-à-dire dans une impasse.

Aujourd'hui, les dernières découvertes de Stanley, de Hanssens, de Grenfell font sérieusement émettre des doutes sur les deux hypothèses successivement mises en avant pour résoudre l'importante question hydrographique de l'issue de l'Ouellé.

Nous croyons avoir trouvé la clef du problème dans la vaste embouchure du Liboko.

Si l'observation directe vient confirmer un jour l'hypothèse nouvelle, la route commerciale des Mombouttous est découverte. Elle est naturelle et — à moins que des rapides ne la barrent — largement et profondément ouverte à la navigation. Les steamers de la station de l'Équateur remonteraient en 90 jours le cours de la grande rivière, depuis son embouchure, à Oubangi, jusqu'à l'endroit où Schweinfurth la salua pour la première fois, 1,500 kilomètres plus haut.

La route la plus directe pour arriver chez les Niams-Niams et les Mombouttous ne serait plus, comme elle l'a été jusqu'à présent, le Nil, mais le Congo. Les richesses du pays ne prendraient plus le chemin d'Alexandrie, qui en est à 800 lieues, mais celui de Banana, qui en est à 500.

Comme Schweinfurth le faisait observer avec raison, « pour ces provinces, le chemin de fer que l'on doit construire entre

Khartoum et l'Égypte ne changerait rien à l'état présent des choses ». (T. I, p. 459.) Par contre, si le Liboko et l'Ouellé ne font réellement qu'un, on peut dire qu'un chemin de fer de Vivi à Léopoldville peut tout pour elles.

En quatre ou cinq mois et avec relativement peu de frais, les trafiquants mombouttous et niams-niams pourraient recevoir les cotonnades et les verroteries européennes; en trois ou quatre mois, les approvisionnements d'ivoire qui remplissent les magasins de leurs rois pourraient être amenés aux factoreries de Banana.

Il y a dix ans, l'idée de tels échanges n'eût été accueillie qu'avec la plus profonde incrédulité. Dans cinq ans, elle sera peut-être un fait accompli.

ANNEXE

ACTE GÉNÉRAL DE LA CONFÉRENCE DE BERLIN

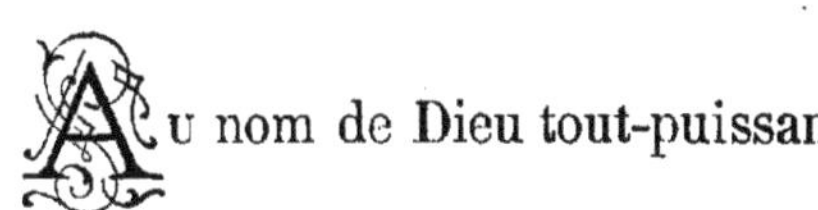u nom de Dieu tout-puissant,

Sa Majesté l'empereur d'Allemagne, roi de Prusse, Sa Majesté l'empereur d'Autriche, roi de Bohême, etc., et roi apostolique de Hongrie, Sa Majesté le roi des Belges, Sa Majesté le roi de Danemark, Sa Majesté le roi d'Espagne, le président des États-Unis d'Amérique, le président de la République française, Sa Majesté la reine du Royaume-Uni de la Grande-Bretagne et d'Irlande, impératrice des Indes, Sa Majesté le roi d'Italie, Sa Majesté le roi des Pays-Bas, grand-duc de Luxembourg, etc., Sa Majesté le roi de Portugal et des Algarves, etc., etc., Sa Majesté l'empereur de toutes les Russies, Sa Majesté le roi de Suède et de Norvège, etc., etc. et Sa Majesté l'empereur des Ottomans,

Voulant régler dans un esprit de bonne entente mutuelle les conditions les plus favorables au développement du commerce et de la civilisation dans certaines régions de l'Afrique, et assurer à tous les peuples les avantages de la libre navigation sur les deux principaux fleuves africains qui se déversent dans l'océan Atlantique ; désireux, d'autre part, de prévenir les malentendus et les contestations que pourraient soulever à l'avenir les prises de possession nouvelles sur les côtes de l'Afrique, et préoccupés en même temps des moyens d'accroître le bien-être moral et matériel des populations indigènes, ont résolu, sur l'invitation qui leur a été adressée par le gouvernement impérial d'Allemagne, d'accord avec le gouvernement de la République française, de réunir à cette fin une conférence à Berlin, et ont nommé pour leurs plénipotentiaires, savoir :

Sa Majesté l'empereur d'Allemagne, roi de Prusse : le sieur Othon, prince de Bismarck, son président du conseil des ministres de Prusse, chancelier de l'empire ; le sieur Paul, comte de Hatzfeldt, son ministre d'État et secrétaire d'État du département des affaires étrangères ; le sieur Auguste Busch, son conseiller intime actuel de légation et sous-secrétaire d'État au département des affaires étrangères, et le sieur Henri de Kusserow, son conseiller intime de légation au département des affaires étrangères ;

Sa Majesté l'empereur d'Autriche, roi de Bohême, etc.,

et roi apostolique de Hongrie : le sieur Emeric, comte Széchényi, de Sarvari-Felso-Videk, chambellan et conseiller intime actuel, son ambassadeur extraordinaire et plénipotentiaire près Sa Majesté l'empereur d'Allemagne, roi de Prusse ;

Sa Majesté le roi des Belges : le sieur Gabriel-Auguste, comte van der Straten-Ponthoz, son envoyé extraordinaire et ministre plénipotentiaire près Sa Majesté l'empereur d'Allemagne, roi de Prusse, et le sieur Auguste, baron Lambermont, ministre d'État, son envoyé extraordinaire et ministre plénipotentiaire ;

Sa Majesté le roi de Danemark : le sieur Émile de Vind, chambellan, son envoyé extraordinaire et ministre plénipotentiaire près Sa Majesté l'empereur d'Allemagne, roi de Prusse ;

Sa Majesté le roi d'Espagne : Don Francisco Merry y Colom, comte de Benomar, son envoyé extraordinaire et ministre plénipotentiaire près Sa Majesté l'empereur d'Allemagne, roi de Prusse ;

Le président des États-Unis d'Amérique : le sieur John A. Kasson, envoyé extraordinaire et ministre plénipotentiaire des États-Unis d'Amérique près Sa Majesté l'empereur d'Allemagne, roi de Prusse, et le sieur Henry S. Sanford, ancien ministre ;

Le président de la République française : le sieur Alphonse, baron de Courcel, ambassadeur extraordinaire et plénipotentiaire de France près Sa Majesté l'empereur d'Allemagne, roi de Prusse ;

Sa Majesté la reine du Royaume-Uni de la Grande-Bretagne et d'Irlande, impératrice des Indes : Sir Edward, Baldwin Malet, son ambassadeur extraordinaire et plénipotentiaire près Sa Majesté l'empereur d'Allemagne, roi de Prusse ;

Sa Majesté le roi d'Italie : le sieur Edouard, comte de Launay, son ambassadeur extraordinaire et plénipotentiaire près Sa Majesté l'empereur d'Allemagne, roi de Prusse ;

Sa Majesté le roi des Pays-Bas, grand-duc de Luxembourg, etc. : le sieur Frédéric-Philippe Jonkheer van der Hoeven, son envoyé extraordinaire et ministre plénipotentiaire près Sa Majesté l'empereur d'Allemagne, roi de Prusse ;

Sa Majesté le roi de Portugal et des Algarves, etc., etc. : le sieur da Serra Gomes, marquis de Penafiel, pair du royaume, son envoyé extraordinaire et ministre plénipotentiaire près Sa Majesté l'empereur d'Allemagne, roi de Prusse, et le sieur Antoine de Serpa Pimentel, conseiller d'État et pair du royaume ;

Sa Majesté l'empereur de toutes les Russies : le sieur Pierre, comte Kapnist, conseiller privé, son envoyé extraordinaire et ministre plénipotentiaire près Sa Majesté le roi des Pays-Bas ;

Sa Majesté le roi de Suède et de Norvège, etc. : le sieu Gillis, baron Bildt, lieutenant général, son envoyé extraordinaire et ministre plénipotentiaire près Sa Majesté l'empereur d'Allemagne, roi de Prusse ;

Sa Majesté l'empereur des Ottomans : Méhemed Saïd Pacha, vizir et haut dignitaire, son ambassadeur extraordinaire et plénipotentiaire près Sa Majesté l'empereur d'Allemagne, roi de Prusse.

Lesquels, munis de pleins pouvoirs qui ont été trouvés en bonne et due forme, ont successivement discuté et adopté : 1° une déclaration relative à la liberté du commerce dans le bassin du Congo, ses embouchures et pays circonvoisins, avec certaines dispositions connexes ; 2° une déclaration concernant la traite des esclaves et les opérations qui sur terre ou sur mer fournissent des esclaves à la traite ; 3° une déclaration relative à la neutralité des territoires compris dans le bassin conventionnel du Congo ; 4° un acte de navigation du Congo, qui, en tenant compte des circonstances locales, étend à ce fleuve, à ses affluents et aux eaux qui leur sont assimilées, les principes généraux énoncés dans les articles 108 à 116 de l'acte final du Congrès de Vienne et destinés à régler, entre les puissances signataires de cet acte, la libre navigation des cours d'eau navigables qui séparent ou traversent plusieurs États, principes conventionnellement appliqués depuis à des fleuves de l'Europe et de l'Amérique, et notamment au Danube, avec les modifications prévues par les traités de Paris de 1856, de Berlin de 1878, et de Londres de 1871 et de 1883 ; 5° un acte de navigation du Niger, qui, en tenant également compte des circonstances locales, étend à ce fleuve et à ses affluents les mêmes principes inscrits dans les articles 108 à 116 de l'acte final du congrès de Vienne ; 6° une déclaration introduisant dans les rapports internationaux des règles uniformes relatives aux occupations qui pourront avoir lieu à l'avenir sur les côtes du continent africain ; et ayant jugé que ces différents documents pourraient être utilement coordonnés en un seul instrument, les ont réunis en un acte général composé des articles suivants.

Chapitre I.

Déclaration relative à la liberté du commerce dans le bassin du Congo, ses embouchures et pays circonvoisins, et dispositions connexes.

Art. 1. — Le commerce de toutes les nations jouira d'une complète liberté :

1° Dans tous les territoires constituant le bassin du Congo et de ses affluents. Ce bassin est délimité par les crêtes des bassins contigus, à savoir : notamment les bassins du Niari, de l'Ogowé, du Schari et du Nil, au nord ; par la ligne de faîte orientale des affluents du lac Tanganyka, à l'est ; par les crêtes des bassins du Zambèse et de la Logé, au sud. Il embrasse en conséquence tous les territoires drainés par le Congo et ses affluents, y compris le lac Tanganyka et ses tributaires orientaux.

2° Dans la zone maritime s'étendant sur l'Océan Atlantique

depuis le parallèle situé par 2°30' de latitude sud jusqu'à l'embouchure de la Logé.

La limite septentrionale suivra le parallèle situé par 2° 30', depuis la côte jusqu'au point où il rencontre le bassin géographique du Congo, en évitant le bassin de l'Ogowé, auquel ne s'appliquent pas les stipulations du présent Acte.

La limite méridionale suivra le cours de la Logé jusqu'à la source de cette rivière et se dirigera de là vers l'est jusqu'à la jonction avec le bassin géographique du Congo.

3° Dans la zone se prolongeant à l'est du bassin du Congo, tel qu'il est délimité ci-dessus, jusqu'à l'océan Indien, depuis le 5e degré de latitude nord jusqu'à l'embouchure du Zambèse au sud; de ce point, la ligne de démarcation suivra le Zambèse jusqu'à cinq milles en amont du confluent du Shiré et continuera par la ligne de faîte séparant les eaux qui coulent vers le lac Nyassa des eaux tributaires du Zambèse pour rejoindre enfin la ligne de partage des eaux du Zambèse et du Congo.

Il est expressément entendu qu'en étendant à cette zone orientale le principe de la liberté commerciale, les puissances représentées à la conférence ne s'engagent que pour elles-mêmes et que ce principe ne s'appliquera aux territoires appartenant actuellement à quelque État indépendant et souverain qu'autant que celui-ci y donnera son consentement. Les puissances conviennent d'employer leurs bons offices auprès des gouvernements établis sur le littoral africain de la mer des Indes, afin d'obtenir ledit consentement et en tout cas d'assurer au transit de toutes les nations les conditions les plus favorables.

Art. 2. — Tous les pavillons, sans distinction de nationalité, auront libre accès à tout le littoral des territoires énumérés ci-dessus, aux rivières qui s'y déversent dans la mer, à toutes les eaux du Congo et de ses affluents, y compris les lacs, à tous les ports situés sur les bords de ces eaux, ainsi qu'à tous les canaux qui pourraient être creusés à l'avenir dans le but de relier entre eux les cours d'eau ou les lacs compris dans l'étendue des territoires décrits à l'article 1er. Ils pourront entreprendre toute espèce de transports et exercer le cabotage maritime et fluvial ainsi que la batellerie sur le même pied que les nationaux.

Art. 3. —Les marchandises de toute provenance, importées dans ces territoires, sous quelque pavillon que ce soit, par la voie maritime ou fluviale ou par celle de terre, n'auront à acquitter d'autres taxes que celles qui pourraient être perçues comme une équitable compensation de dépenses utiles pour le commerce et qui, à ce titre, devront être également supportées par les nationaux et par les étrangers de toute nationalité.

Tout traitement différentiel est interdit à l'égard des navires comme des marchandises.

Art. 4. — Les marchandises importées dans ces territoires resteront affranchies de droits d'entrée et de transit.

Les puissances se réservent de décider, au terme d'une période de vingt années, si la franchise d'entrée sera ou non maintenue.

Art. 5. — Toute puissance qui exerce ou exercera des droits de souveraineté dans les territoires susvisés ne pourra y concéder ni monopole ni privilège d'aucune espèce en matière commerciale.

Les étrangers y jouiront indistinctement, pour la protection de leurs personnes et de leurs biens, pour l'acquisition et la transmission de leurs propriétés mobilières et immobilières et pour l'exercice des professions, du même traitement et des mêmes droits que les nationaux.

Art. 6. — (Dispositions relatives à la protection des indigènes, des missionnaires et des voyageurs, ainsi qu'à la liberté religieuse.)

Toutes les puissances exerçant des droits de souveraineté ou une influence dans lesdits territoires, s'engagent à veiller à la conservation des populations indigènes et à l'amélioration de leurs conditions morales et matérielles d'existence et à concourir à la suppression de l'esclavage et surtout de la traite des noirs; elles protégeront et favoriseront, sans distinction de nationalités ni de cultes, toutes les institutions et entreprises religieuses, scientifiques ou charitables créées et organisées à ces fins ou tendant à instruire les indigènes et à leur faire comprendre et apprécier les avantages de la civilisation.

Les missionnaires chrétiens, les savants, les explorateurs,

leurs escortes, avoir et collections seront également l'objet d'une protection spéciale.

La liberté de conscience et la tolérance religieuse sont expressément garanties aux indigènes, comme aux nationaux et aux étrangers. Le libre et public exercice de tous les cultes, le droit d'ériger des édifices religieux et d'organiser des missions appartenant à tous les cultes ne seront soumis à aucune restriction ni entrave.

Art. 7. — (Régime postal.) — La Convention de l'Union postale universelle revisée à Paris le 1er juin 1878 sera appliquée au bassin conventionnel du Congo.

Les puissances qui y exercent ou exerceront des droits de souveraineté ou de protectorat s'engagent à prendre, aussitôt que les circonstances le permettront, les mesures nécessaires pour l'exécution de la disposition qui précède.

Art. 8. — (Droit de surveillance attribué à la Commission internationale de navigation du Congo.)

Dans toutes les parties du territoire visé par la présente déclaration où aucune puissance n'exercerait des droits de souveraineté ou de protectorat, la commission internationale de la navigation du Congo, instituée en vertu de l'article 17, sera chargée de surveiller l'application des principes proclamés et consacrés par cette déclaration.

Pour tous les cas où des difficultés relatives à l'application des principes établis par la présente déclaration viendraient à surgir, les gouvernements intéressés pourront convenir de faire appel aux bons offices de la Commission internationale en lui déférant l'examen des faits qui auront donné lieu à ces difficultés.

CHAPITRE II.

Déclaration concernant la traite des esclaves.

ART. 9. — Conformément aux principes du droit des gens, tels qu'ils sont reconnus par les puissances signataires, la traite des esclaves étant interdite, et les opérations qui, sur terre ou sur mer, fournissent des esclaves à la traite devant être également considérées comme interdites, les puissances qui exercent ou qui exerceront des droits de souveraineté ou une influence dans les territoires formant le bassin conventionnel du Congo déclarent que ces territoires ne pourront servir ni de marché ni de voie de transit pour la traite des esclaves de quelque race que ce soit. Chacune de ces puissances s'engage à employer tous les moyens en son pouvoir pour mettre fin à ce commerce et pour punir ceux qui s'en occupent.

CHAPITRE III.

Déclaration relative à la neutralité des territoires compris dans le bassin conventionnel du Congo.

ART. 10. — Afin de donner une garantie nouvelle de sécurité au commerce et à l'industrie et de favoriser, par le maintien de la paix, le développement de la civilisation dans les contrées mentionnées à l'article 1er et placées sous le régime de la liberté commerciale, les hautes parties signataires du présent acte et celles qui y adhéreront par la suite s'engagent à respecter la neutralité des territoires ou parties de territoires dépendant desdites contrées, y compris les eaux territoriales, aussi longtemps que les puissances qui exercent ou qui exerceront des droits de souveraineté ou de protectorat sur ces territoires, usant de la faculté de se proclamer neutres, rempliront les devoirs que la neutralité comporte.

Art. 11. — Dans le cas où une puissance exerçant des droits de souveraineté ou de protectorat dans les contrées mentionnées à l'article 1er et placées sous le régime de la liberté commerciale serait impliquée dans une guerre, les hautes parties signataires du présent acte et celles qui y adhéreront par la suite s'engagent à prêter leurs bons offices pour que les territoires appartenant à cette puissance et compris dans la zone conventionnelle de la liberté commerciale soient, du consentement commun de cette puissance et de l'autre ou des autres parties belligérantes, placés pour la durée de la guerre sous le régime de la neutralité et considérés comme appartenant à un État non belligérant; les parties belligérantes renonceraient dès lors à étendre les hostilités aux territoires ainsi neutralisés, aussi bien qu'à les faire servir de base à des opérations de guerre.

Art. 12. — Dans le cas où un dissentiment sérieux,

ayant pris naissance au sujet ou dans les limites des territoires mentionnés à l'article 1er et placés sous le régime de la liberté commerciale, viendrait à s'élever entre des puissances signataires du présent acte ou des puissances qui y adhéreraient par la suite, ces puissances s'engagent, avant d'en appeler aux armes, à recourir à la médiation d'une ou de plusieurs puissances amies.

Pour le même cas, les mêmes puissances se réservent le recours facultatif à la procédure de l'arbitrage.

Chapitre IV.

Acte de navigation du Congo.

Art. 13. — La navigation du Congo, sans exception d'aucun des embranchements ni des issues de ce fleuve, est et demeurera entièrement libre pour les navires marchands, en charge ou sur lest, de toutes les nations, tant pour le transport des marchandises que pour celui des voyageurs. Elle devra se conformer aux dispositions du présent acte de navigation et aux règlements à établir en exécution du même acte.

Dans l'exercice de cette navigation, les sujets et les pavillons de toutes les nations seront traités, sous tous les rapports, sur le pied d'une parfaite égalité, tant pour la navigation directe de la pleine mer vers les ports intérieurs du Congo, et *vice versa*, que pour le grand et petit cabotage, ainsi que pour la batellerie sur le parcours de ce fleuve.

En conséquence, sur tout le parcours et aux embouchures du Congo, il ne sera fait aucune distinction entre les sujets des États riverains et ceux des non riverains, et il ne sera concédé aucun privilège exclusif de navigation, soit à des sociétés ou corporations quelconques, soit à des particuliers.

Ces dispositions sont reconnues par les puissances signataires comme faisant désormais partie du droit public international.

Art. 14. — La navigation du Congo ne pourra être assujettie à aucune entrave ni redevance qui ne seraient pas expressément stipulées dans le présent acte. Elle ne sera grevée d'aucune obligation d'échelle, d'étape, de dépôt, de rompre charge, ou de relâche forcée.

Dans toute l'étendue du Congo, les navires et les marchandises transitant sur le fleuve ne seront soumis à aucun droit de transit, quelle que soit leur provenance ou leur destination.

Il ne sera établi aucun péage maritime ni fluvial basé sur le seul fait de la navigation, ni aucun droit sur les marchandises qui se trouvent à bord des navires. Pourront seuls être perçus des taxes ou des droits qui auront le caractère de rétribution pour services rendus à la navigation même, savoir :

1° Des taxes de port pour l'usage effectif de certains établissements locaux, tels que quais, magasins, etc., etc.

Le tarif de ces taxes sera calculé sur les dépenses de construction et d'entretien desdits établissements locaux, et l'application en aura lieu sans égard à la provenance des navires ni à leur cargaison;

2° Des droits de pilotage sur les sections fluviales où il paraîtrait nécessaire de créer des stations de pilotes brevetés.

Le tarif de ces droits sera fixe et proportionné au service rendu;

3° Des droits destinés à couvrir les dépenses techniques et administratives, faites dans l'intérêt général de la navigation, y compris les droits de phare, de fanal et de balisage.

Les droits de cette dernière catégorie seront basés sur le tonnage des navires, tel qu'il résulte des papiers de bord et conformément aux règles adoptées sur le bas Danube.

Les tarifs d'après lesquels les taxes et les droits énumérés dans les trois paragraphes précédents seront perçus ne comporteront aucun traitement différentiel et devront être officiellement publiés dans chaque port.

Les puissances se réservent d'examiner, au bout d'une période de cinq ans, s'il y a lieu de reviser, d'un commun accord, les tarifs ci-dessus mentionnés.

Art. 15.— Les affluents du Congo seront à tous égards soumis au même régime que le fleuve dont ils sont tributaires.

Le même régime sera appliqué aux fleuves et aux rivières ainsi qu'aux lacs et aux canaux des territoires déterminés par l'article 1er, §§ 2 et 3. Toutefois, les attributions de la commission internationale du Congo ne s'étendront sur lesdits fleuves, rivières, lacs et canaux, à moins de l'assentiment des États sous la souveraineté desquels ils sont placés. Il est bien entendu aussi que pour les territoires mentionnés dans l'article 1er, § 3, le consentement des États souverains de qui ces territoires relèvent, demeure réservé.

Art. 16. — Les routes, les chemins de fer ou les canaux latéraux qui pourront être établis dans le but spécial de suppléer à l'innavigabilité ou aux imperfections de la voie fluviale sur certaines sections du parcours du Congo, de ses affluents et des autres cours d'eau qui leur sont assimilés par l'article 15, seront considérés, en leur qualité de moyens de communication, comme des dépendances de ce fleuve, et seront également ouverts au trafic de toutes les nations.

De même que sur le fleuve, il ne pourra être perçu sur ces routes, ces chemins de fer et ces canaux que des péages calculés sur les dépenses de construction, d'entretien et d'administration, et sur les bénéfices dus aux entrepreneurs.

Quant au taux de ces péages, les étrangers et les nationaux des territoires respectifs seront traités sur le pied d'une parfaite égalité.

Art. 17. — Il est institué une commission internationale chargée d'assurer l'exécution des dispositions du présent acte de navigation.

Les puissances signataires de cet acte, ainsi que celles qui y adhéreront postérieurement, pourront, en tout temps, se faire représenter dans ladite commission, chacune par un délégué. Aucun délégué ne pourra disposer de plus d'une voix, même dans le cas où il représenterait plusieurs gouvernements.

Ce délégué sera directement rétribué par son gouvernement.

Les traitements et les allocations des agents et des employés de la Commission internationale seront imputés sur le produit des droits perçus, conformément à l'article 14, §§ 2 et 3.

Les chiffres desdits traitements et allocations, ainsi que le nombre, le grade et les attributions des agents et des employés, seront inscrits dans le compte rendu qui sera adressé chaque année aux gouvernements représentés dans la Commission internationale.

Art. 18. — Les membres de la Commission internationale, ainsi que les agents nommés par elle, sont investis du privilège de l'inviolabilité dans l'exercice de leurs fonctions. La même garantie s'étendra aux offices, aux bureaux et aux archives de la Commission.

Art. 19. — La Commission internationale de navigation du Congo se constituera aussitôt que cinq des puissances signataires du présent acte général auront nommé leurs délégués. En attendant la constitution de la commission, la nomination des délégués sera notifiée au gouvernement de l'empire d'Allemagne, par les soins duquel les démarches nécessaires seront faites pour provoquer la réunion de la Commission.

La Commission élaborera immédiatement des règlements de navigation, de police fluviale, de pilotage et de quarantaine.

Ces règlements, ainsi que les tarifs à établir par la Commission, avant d'être mis en vigueur, seront soumis à l'approbation des puissances représentées dans la Commission. Les puissances intéressées devront faire connaître leur avis dans le plus bref délai possible.

Les infractions à ces règlements seront réprimées par les agents de la commission internationale, là où elle exercera directement son autorité, et ailleurs par la puissance riveraine.

Au cas d'un abus de pouvoir ou d'une injustice de la part d'un agent ou d'un employé de la Commission internationale, l'individu qui se regardera comme lésé dans sa personne ou dans ses droits pourra s'adresser à l'agent consulaire de sa nation. Celui-ci devra examiner la plainte ; s'il la trouve *prima facie* raisonnable, il aura le droit de la présenter à la Commission. Sur son initiative, la Commission, représentée par trois au moins de ses membres, s'adjoindra à lui pour faire une enquête touchant la conduite de son agent ou employé. Si l'agent consulaire considère la décision de la Commission comme soulevant des objections de droit, il en fera un rapport à son gouvernement, qui pourra recourir aux puissances représentées dans la commission et les inviter à se concerter sur des instructions à donner à la Commission.

Art. 20. — La Commission internationale du Congo, chargée, aux termes de l'article 17, d'assurer l'exécution du présent acte de navigation, aura notamment dans ses attributions :

1° La désignation des travaux propres à assurer la navigabilité du Congo selon les besoins du commerce international.

Sur les sections du fleuve où aucune puissance n'exercera des droits de souveraineté, la Commission internationale prendra elle-même les mesures nécessaires pour assurer la navigabilité du fleuve.

Sur les sections du fleuve occupées par une puissance souveraine, la Commission internationale s'entendra avec l'autorité riveraine;

2° La fixation du tarif de pilotage et celle du tarif général des droits de navigation prévus aux 2e et 3e paragraphes de l'article 14.

Les tarifs mentionnés au 1er paragraphe de l'article 14 seront arrêtés par l'autorité territoriale, dans les limites prévues audit article.

La perception de ces différents droits aura lieu par les soins de l'autorité internationale ou territoriale pour le compte de laquelle ils sont établis;

3° L'administration des revenus provenant de l'application du § 2 ci-dessus;

4° La surveillance de l'établissement quarantenaire établi en vertu de l'article 24;

5° La nomination des agents dépendant du service général de la navigation et celle de ses propres employés.

L'institution des sous-inspecteurs appartiendra à l'autorité territoriale sur les sections occupées par une puissance, et à la Commission internationale sur les autres sections du fleuve.

La puissance riveraine notifiera à la Commission internationale la nomination des sous-inspecteurs qu'elle aura institués, et cette puissance se chargera de leur traitement.

Dans l'exercice de ses attributions, telles qu'elles sont définies et limitées ci-dessus, la Commission internationale ne dépendra pas de l'autorité territoriale.

ART. 21. — Dans l'accomplissement de sa tâche, la Commission internationale pourra recourir, au besoin, aux bâtiments de guerre des puissances signataires de cet acte et de celles qui y accéderont à l'avenir, sous toute réserve des instructions qui pourraient être données aux commandants de ces bâtiments par leurs gouvernements respectifs.

ART. 22. — Les bâtiments de guerre des puissances signataires du présent acte qui pénètrent dans le Congo sont exempts du paiement des droits de navigation prévus au § 3 de l'article 14; mais ils acquitteront les droits éventuels de pilotage ainsi que les droits de port, à moins que leur intervention n'ait été réclamée par la commission internationale ou ses agents, aux termes de l'article précédent.

ART. 23. — Dans le but de subvenir aux dépenses techniques et administratives qui lui incombent, la Commission internationale instituée par l'article 17 pourra négocier en son nom propre des emprunts exclusivement gagés sur les revenus attribués à ladite Commission.

Les décisions de la Commission tendant à la conclusion d'un emprunt devront être prises à la majorité des deux tiers des voix. Il est entendu que les gouvernements représentés à la Commission ne pourront en aucun cas être considérés comme assumant aucune garantie ni contractant aucun engagement ni solidarité à l'égard desdits emprunts, à moins de conventions spéciales conclues par eux à cet effet.

Le produit des droit spécifiés au 3e paragraphe de l'article 14 sera affecté par priorité au service des intérêts et de l'amortissement desdits emprunts, suivant les conventions passées avec les prêteurs.

Art. 24. — Aux embouchures du Congo, il sera fondé, soit par l'initiative des puissances riveraines, soit par l'intervention de la commission internationale, un établissement quarantenaire qui exercera le contrôle sur les bâtiments tant à l'entrée qu'à la sortie.

Il sera décidé, plus tard, par les puissances si et dans quelles conditions un contrôle sanitaire devra être exercé sur les bâtiments dans le cours de la navigation fluviale.

Art. 25. — Les dispositions du présent acte de navigation demeureront en vigueur en temps de guerre. En conséquence, la navigation de toutes les nations, neutres ou belligérantes, sera libre en tout temps pour les usages du commerce sur le Congo, ses embranchements, ses affluents et ses embouchures, ainsi que sur la mer territoriale faisant face aux embouchures de ce fleuve.

Le trafic demeurera également libre, malgré l'état de guerre, sur les routes, les chemins de fer, les lacs et les canaux mentionnés dans les articles 15 et 16.

Il ne sera apporté d'exception à ce principe qu'en ce qui concerne le transport des objets destinés à un belligérant et considérés, en vertu du droit des gens, comme articles de contrebande de guerre.

Tous les ouvrages et les établissements créés en exécution du présent acte, notamment les bureaux de perception et leurs caisses, de même que le personnel attaché d'une manière permanente au service de ces établissements, seront placés sous le régime de la neutralité et, à ce titre, seront respectés et protégés par les belligérants.

Chapitre V.

Acte de navigation du Niger.

Art. 26. — La navigation du Niger, sans exception d'aucun des embranchements ni issues de ce fleuve, est et demeurera entièrement libre pour les navires marchands, en charge ou sur lest, de toutes les nations, tant pour le transport des marchandises que pour celui des voyageurs. Elle devra se conformer aux dispositions du présent acte de navigation et aux règlements à établir en exécution du même acte.

Dans l'exercice de cette navigation, les sujets et les pavillons de toutes les nations seront traités, sous tous les rapports, sur le pied d'une parfaite égalité, tant pour la navigation directe de la pleine mer vers les ports intérieurs du Niger, et *vice versa*, que pour le grand et le petit cabotage, ainsi que pour la batellerie sur le parcours de ce fleuve. En conséquence, sur tout le parcours et aux embouchures du Niger, il ne sera fait aucune distinction entre les sujets des États riverains et ceux des non riverains, et il ne sera concédé aucun privilège exclusif de navigation, soit à des sociétés ou corporations quelconques, soit à des particuliers.

Ces dispositions sont reconnues par les puissances signataires comme faisant désormais partie du droit public international.

Art. 27. — La navigation du Niger ne pourra être assujettie à aucune entrave ni redevance basées uniquement sur le fait de la navigation. Elle ne subira aucune obligation d'échelle, d'étape, de dépôt, de rompre charge, ou de relâche forcée. Dans toute l'étendue du Niger, les navires et les marchandises transitant sur le fleuve ne seront soumis à aucun droit de transit, quelle que soit leur provenance ou leur destination. Il ne sera établi aucun péage maritime ni fluvial, basé sur le seul fait de la navigation, ni aucun droit sur les marchandises qui se trouvent à bord des navires. Pourront seuls être perçus des taxes ou droits qui auront le caractère de rétribution pour services rendus à la navigation même. Les tarifs de ces taxes ou droits ne comporteront aucun traitement différentiel.

Art. 28. — Les affluents du Niger seront à tous égards soumis au même régime que le fleuve dont ils sont tributaires.

Art. 29. — Les routes, chemins de fer ou canaux latéraux qui pourront être établis dans le but spécial de suppléer à l'innavigabilité ou aux imperfections de la voie fluviale sur certaines sections du parcours du Niger, de ses affluents, embranchements et issues seront considérés, en leur qualité de moyens de communication, comme des dépendances de ce fleuve et seront également ouverts au trafic de toutes les nations. De même que sur le fleuve, il ne pourra être perçu sur ces routes, chemins de fer et canaux, que des péages calculés sur les dépenses de construction, d'entretien et d'administration, et sur les bénéfices dus aux entrepreneurs. Quant au taux de ces péages, les étrangers et les nationaux des territoires respectifs seront traités sur le pied d'une parfaite égalité.

Art. 30. — Le Grande-Bretagne s'engage à appliquer les principes de la liberté de navigation énoncés dans les articles 26, 27, 28, 29, en tant que les eaux du Niger, de ses affluents, embranchements et issues, sont ou seront sous sa souveraineté ou son protectorat. Les règlements qu'elle établira pour la sûreté et le contrôle de la navigation seront conçus de manière à faciliter autant que possible la circulation des navires marchands. Il est entendu que rien dans le engagements ainsi pris ne saurait être interprété comme empêchant ou pouvant empêcher la Grande-Bretagne de faire quelques règlements de navigation que ce soit, qui ne seraient pas contraires à l'esprit de ces engagements. La Grande-Bretagne s'engage à protéger les négociants étrangers de toutes les nations faisant le commerce dans les parties du cours du Niger qui sont ou seront sous sa souveraineté ou son protectorat, comme s'ils étaient ses propres sujets, pourvu toutefois que ces négociants se conforment aux règlements qui sont ou seront établis en vertu de ce qui précède.

Art. 31. — La France accepte sous les mêmes réserves et en termes identiques les obligations consacrées dans l'article précédent, en tant que les eaux du Niger, de ses affluents, embranchements et issues sont ou seront sous sa souveraineté ou son protectorat.

Art. 32. — Chacune des autres puissances signataires s'engage de même, pour le cas où elle exercerait dans l'avenir des droits de souveraineté ou de protectorat sur quelque partie des eaux du Niger, de ses affluents, embranchements et issues.

Art. 33. —Les dispositions du présent acte de navigation demeureront en vigueur en temps de guerre. En conséquence, la navigation de toutes nations, neutres ou belligérantes, sera libre en tout temps pour les usages du commerce sur le Niger, ses embranchements et affluents, ses embouchures et issues, ainsi que sur la mer territoriale faisant face aux embouchures et issues de ce fleuve. Le trafic demeurera également libre, malgré l'état de guerre, sur les routes, chemins de fer et canaux mentionnés dans l'article 29. Il ne sera apporté d'exception à ce principe qu'en ce qui concerne le transport des objets destinés à un belligérant et considérés, en vertu du droit des gens, comme articles de contrebande de guerre.

Chapitre VI.

Déclaration relative aux conditions essentielles à remplir pour que des occupations nouvelles sur les côtes du continent africain soient considérées comme effectives.

Art. 34. — La puissance qui dorénavant prendra possession d'un territoire sur les côtes du continent africain situé en dehors de ses possessions actuelles, ou qui, n'en ayant pas eu jusque-là, viendrait à en acquérir, et de même la puissance qui y assumera un protectorat, accompagnera l'acte respectif d'une notification adressée aux autres puissances signataires du présent acte, afin de les mettre à même de faire valoir, s'il y a lieu, leurs réclamations.

Art. 35. — Les puissances signataires du présent acte reconnaissent l'obligation d'assurer dans les territoires occupés par elles, sur les côtes du continent africain, l'existence d'une autorité suffisante pour faire respecter les droits acquis et, le cas échéant, la liberté du commerce et du transit dans les conditions où elle serait stipulée.

Chapitre VII.

Dispositions générales.

Art. 36. — Les puissances signataires du présent acte se réservent d'y introduire ultérieurement et d'un commun accord les modifications ou améliorations dont l'utilité serait démontrée par l'expérience.

Art. 37. — Les puissances qui n'auront pas signé le présent acte général pourront adhérer à ses dispositions par un acte séparé. L'adhésion de chaque puissance est notifiée, par la voie diplomatique, au gouvernement de l'empire d'Allemagne, et par celui-ci à tous les États signataires ou adhérents. Elle emporte de plein droit l'acceptation de toutes les obligations et l'admission à tous les avantages stipulés par le présent acte général.

Art. 38. — Le présent acte général sera ratifié dans un délai qui sera le plus court possible et qui, en aucun cas, ne pourra excéder un an. Il entrera en vigueur pour chaque puissance à partir de la date où elle l'aura ratifié. En attendant, les puissances signataires du présent acte général s'obligent à n'adopter aucune mesure qui serait contraire aux dispositions dudit acte.

Chaque puissance adressera sa ratification au gouvernement de l'empire d'Allemagne, par les soins de qui il en sera donné avis à toutes les autres puissances signataires du présent acte général. Les ratifications de toutes les puissances resteront déposées dans les archives du gouvernement de l'empire d'Allemagne. Lorsque toutes les ratifications auront été produites, il sera dressé acte du dépôt dans un protocole qui sera signé par les représentants de toutes les puissances ayant pris part à la conférence de Berlin et dont une copie certifiée sera adressée à toutes ces puissances.

En foi de quoi, les plénipotentiaires respectifs ont signé le présent acte général et y ont apposé leur cachet.

Fait à Berlin, le vingt-sixième jour du mois de février mil huit cent quatre-vingt-cinq.

Cte A. Van der Straeten-Ponthoz.
Baron Lambermont.
V. Bismarck.
Busch.
Kusserow.
Szechenyi.
E. Vind.
Comte de Benomar.
John A. Kasson.
H.-S. Sanford.

Alph. de Courcel.
Edward B. Malet.
Launay.
F.-P. van der Hoeven.
Marquis de Penafiel.
A. de Serpa Pimentel.
Comte P. Kapnist.
Gillis Bildt.
Saïd.

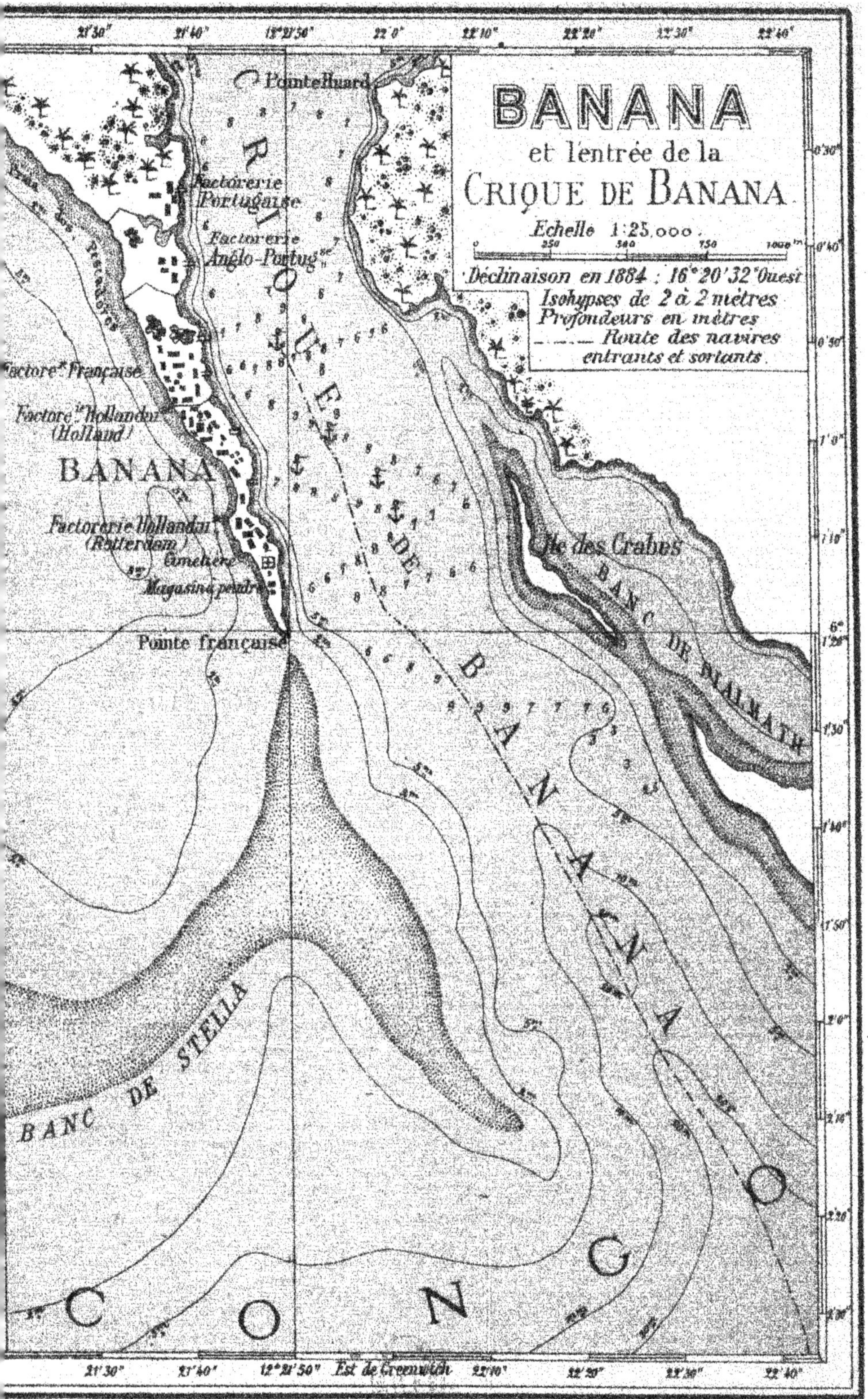

e et dressée par le Dr J. Chavanne. Institut National de Géographie – Bruxelles.

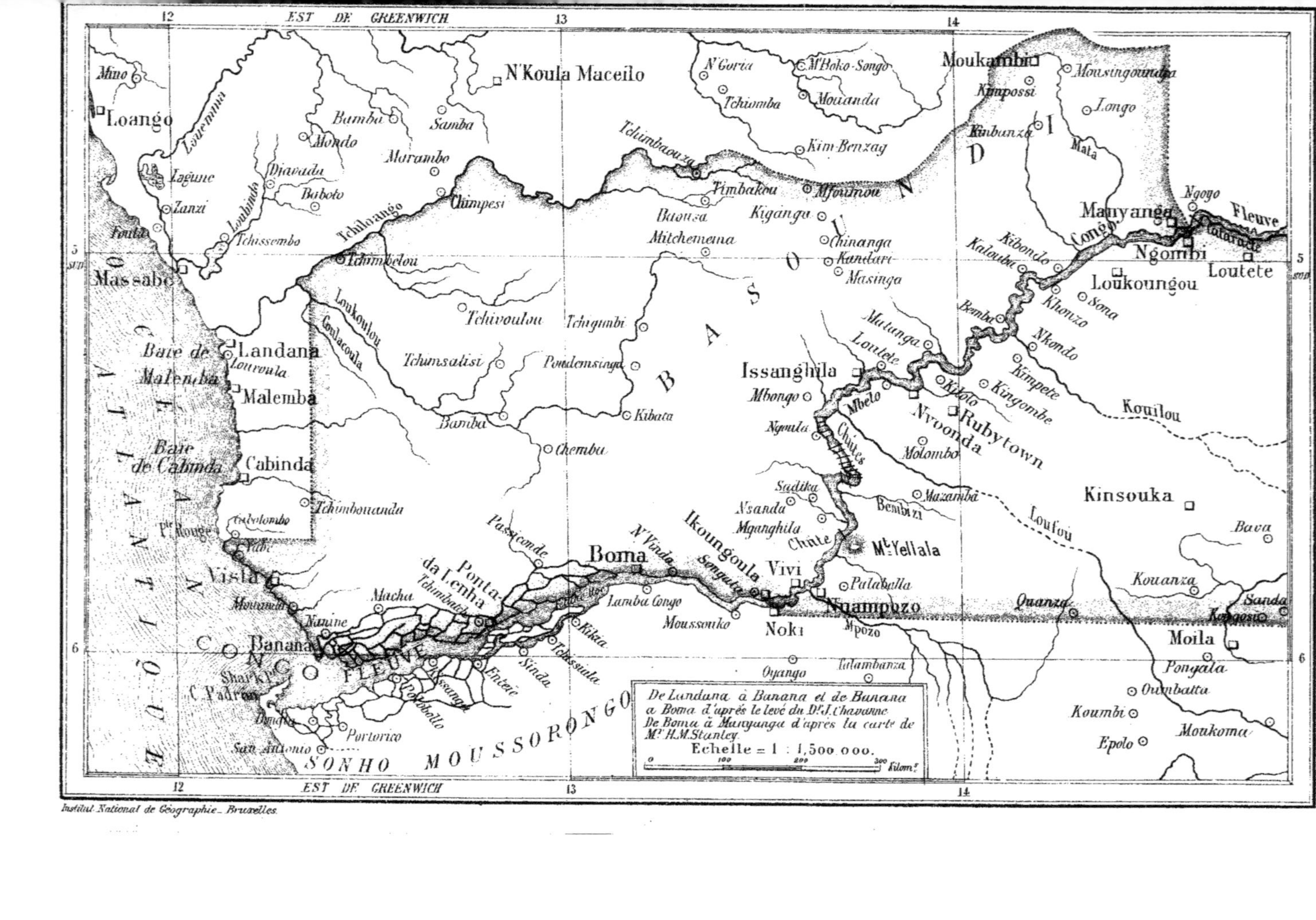

Institut National de Géographie_Bruxelles.

BIBLIOTHÈQUE GÉOGRAPHIQUE

VIENT DE PARAITRE :

LIBÉRIA

HISTOIRE

DE LA

FONDATION D'UN ÉTAT NÈGRE LIBRE

Par le colonel WAUWERMANS

royale de Géographie d'Anvers et de l'Académie d'archéologie de Belgique,
Membre de l'Association internationale africaine.
Sociétés de Géographie italienne (Rome), de Marseille, de Rochefort,
deaux, de la Société de Topographie de France (Paris).
ciétés de Géographie de Lisbonne, Berne, Rouen, Lyon, Oran,
nerciale de Paris, de la Société historique de Compiègne,
ntiquaires de Philadelphie, etc., etc.

2 cartes.

www.ingramcontent.com/pod-product-compliance
Ingram Content Group UK Ltd.
Pitfield, Milton Keynes, MK11 3LW, UK
UKHW012020240726
13965UKWH00002B/472